# 언리플레이서블

경험의
시대가
온다

AI 시대, 기술이 대체할 수 없는 것

# 언리플레이서블
UNREPLACEABLE EXPERIENCE

경험의
시대가
온다

송인혁 · 이은영 지음

프롤로그

# 질문의 변화에 숨겨진 시대의 단서를 찾아라

모든 것이 변하는 시대, 세상에 변하지 않는 유일한 진실은 '모든 것이 변한다'는 사실이라는 말이 실감 나는 요즘이다. 한순간도 멈추지 않는 변화의 물결 속에서 사람들은 묻는다. 지금 내가 서 있는 이곳은 어디인지, 이 변화는 어디로 향하고 있는지, 그리고 나는 어떤 방향으로 나아가야 하는지. 신기루처럼 나타났다 사라지는 유행과 트렌드를 좇는 것만으로는 부족하다. 방향이 아니라 지점만을 살피는 것은 결국 '각주구검(刻舟求劍)'일 뿐이다. 어떻게 해야 할까?

이에 대해 많은 기업가들과 경영사상가들은 공통적으로 말한다. 변화의 시대를 읽고 싶다면 사람들의 '질문'을 주목하라고. 경영 석학 할 그레거슨은 "사람들이 던지는 질문들은 세상이 어떻게 움직이는지를 이해하는 창이다"라고 말했다. 미래학자 앨빈 토플러는 "미래를 준비하려면 우리가 지금 어떤 질문을 던지고 있는지부터 살펴야 한다"고 말한 바 있다. 질문은 단순한 호기심이 아니라, 시대의 방향을 바꾸는 출발점이자 그 방향을 결정짓는 열쇠임을 알려주는 통찰이다.

질문이 바뀌는 순간, 시대의 기류도 바뀐다. 대학 입학 전후, 연애 전후, 첫 직장 입사 전후 등 우리 삶의 여정마다 질문이 변화하는 것처럼, 훨씬 더 거시적인 관점에서 시대의 변화를 마주할 때도 사람들의 질문은 변하며, 그 변화의 지점을 인지할 때 우리는 새로운 기회의 선단에 올라탈 수 있게 된다.

과거의 질문은 생존을 위한 것이었다. "저건 뭐지?", "어떻게 하지?"라는 질문은 지식에 대한 갈증을 담고 있었다. 그런 질문이 많았던 시대에는 지식이 가장 큰 가치였다. '아는 것이 힘이다'라는 말이 있듯 지식이 많은 인물이 지도자가 되었다. 처음에는 제사장과 관료가, 나중에는 미디어와 지식인이 그 역할을 수행했다.

하지만 시대가 발전하면서 지식은 해방되었다. 인터넷이 열리고 누구나 정보에 접근할 수 있게 되자 생존을 위한 '지식의 축적'에서 벗어나, 질문의 중심은 점차 '각자의 관심과 호기심'으로 이동하기 시작했다. 이제 질문은 더 이상 생존을 위한 보편적 지식에서 출발하지 않는다. 사람들은 각자의 관심과 감정, 맥락에 기반을 두고 질문을 던진다. 즉 '나는 누구이고 무엇을 원하는가?'라는 자기 탐색의 도구로서 질문을 활용하는 것이다. 그렇게 사람들은 각자의 관심을 축으로 질문하며 타인과의 연결과 소통을 갈망하게 되었고, 이렇듯 '나의 관심'을 추구하는 질문이 지배하며 세상은 검색엔진의 시대에서 SNS 시대로의 전환을 맞이했다.

코로나 팬데믹으로 갑작스레 멈춘 일상이 펼쳐졌을 때에도 사람들의 질문은 커다란 전환점을 맞이했다. 밖으로 나갈 수 없게 되자 그 공백 속에서 사람들은 자신이 지금 무엇을 해야 할지, 어떻게 살아야 할지를 다시 묻기 시작했다. 먹고 지내는 문제, 여가를 보내는 방식, 관계를 유지하는 수단 등 삶의 기본적 구성 요소들이 흔들리자 질문은 자연스럽게 그 해답을 찾는 방향으로 흘러갔다. "식재료는 어떻게 구하지?", "일은 어떻게 하지?", "심심할 땐 뭘 보지?", "어떻게 하루를 보내지?"와 같은 질문들이 넘쳐났고, 이에 대한 실질적 해답들이 속속 등장했다. 배달 앱이 활성화되고, 넷플릭스와 유튜브는 자동 반사처럼 켜졌으며, 재택근무 시스템이 빠르게 도입되었고 원격 협업 도구들이 일상으로 자리 잡았다.

결국 빠르게 움직이는 변화의 흐름 속에서 개별적인 장면만 바라보면 전체의 방향을 가늠하기 어렵지만, 사람들의 질문을 들여다보면 그 시대가 어떤 전환점을 지나고 있는지를 감지할 수 있다. 특히 질문이 바뀌는 순간, 그 틈 사이에 새로운 기회의 문이 열리기 시작한다. 질문이 달라졌다는 건 기존의 물음에 어느 정도 해답이 주어졌고, 이제는 다른 욕구와 가능성을 향해 나아가고 있다는 뜻이기 때문이다. 이제 우리에게 "오늘 뭐 먹지?"는 그리 큰 고민이 아니다. 배달 앱은 이미 우리의 식사를 예측하고 있고, "뭐 보지?"에 대해서도 넷플릭스가 취향을 분석해 추천작을 건넨다. 그런데 아직 누구도 명확한 해답을 내놓지 못한 새로운 질문이 있다. 바로 "뭐 하지?"라는 질문이다.

사람들은 이미 여행을 다니고, 공연을 보고, 체험을 찾아다닌다. 매년 전 세계적으로 무려 15억 명 이상이 새로운 경험을 찾아 떠나고 있고, 지역 단위에서도 사람들이 일상을 벗어난 몰입을 갈구한다. 여가의 증가, 기술의 발전, 삶의 질 향상으로 "뭐 하지?"에 대한 수요는 폭발적으로 증가하고 있다. 온라인 플랫폼 이용 수준보다 오프라인 공간, 오프라인 플랫폼의 이용자 수준과 경제 규모가 훨씬 더 커지고 있다. 오프라인 공간 기반의 경험 콘텐츠 산업 규모가 디지털 콘텐츠를 압도하고 있다. 그럼에도 여전히 '오늘 뭐 하지?'라는 질문에 바로 떠올릴 수 있는 시스템이나 플랫폼이 없는 상태다. 바로 이 지점에 기회가 있다.

더구나 "뭐 하지?"라는 질문은 이제 "누구와 함께 무엇을 할까?"로 확장되고 있다. 디지털 콘텐츠는 넘쳐나고 혼자 할 수 있는 일들은 충분하지만, 사람들은 점점 더 누군가와 함께 경험을 만들고 싶어한다. 혼자가 아닌 연결 속에서의 경험을 갈구하는 것이다.

질문이 바뀌면 세상이 바뀐다. 지식 중심의 경제에서 연결 중심의 경제로, 이제는 "뭐 하지?"를 구하는 경험의 경제로 나아갈 것이다. "뭐 하지?"는 행동으로 일어나는 것이며 누군가와 함께 의미를 만들고 싶고 공감하고 싶다는 신호다. 연결은 에너지를 만든다. 나와 취향이 비슷한 사람들, 나와 감정을 공유하는 사람들과의 연결은 들끓는 어떤 것을 만들어내고, 이 에너지는 결국 행동으로 이어진다. 그래서 우리는 더 자주 함께 경험하고 몰입하며 감동받는다.

AI 시대, 역설적으로 경험은 기술이 절대 대체할 수 없는 영역으로 급부상하고 있다. 경험은 나의 감정, 나의 의식, 나의 존재, 나의 세계가 사람들과 연결되어 느끼는 것으로, 이는 실존의 영역이기 때문이다. 때문에 "오늘 뭐 하지?"의 지점에서 기회를 포착할 수 있다. 우리가 접근해야 하는 것은 '왜 질문들이 지금 대두되었을까?'이다.

그 물음에 답하는 순간, 우리는 미래의 길목에 먼저 도착하게 된다.

이 책은 기술로는 대체할 수 없는 인간만의 감정과 연결, 몰입의 영역을 중심으로 새롭게 떠오른 경험 산업 시대의 흐름과 그 현장을 탐색한다. 그리고 그 속에 숨어 있는 질문과 기회의 단서를 찾아가는 여정이다. 당신도 같은 질문을 던지고 있고 그 너머의 세상이 궁금하다면 지금 함께 이 여정을 시작하자!

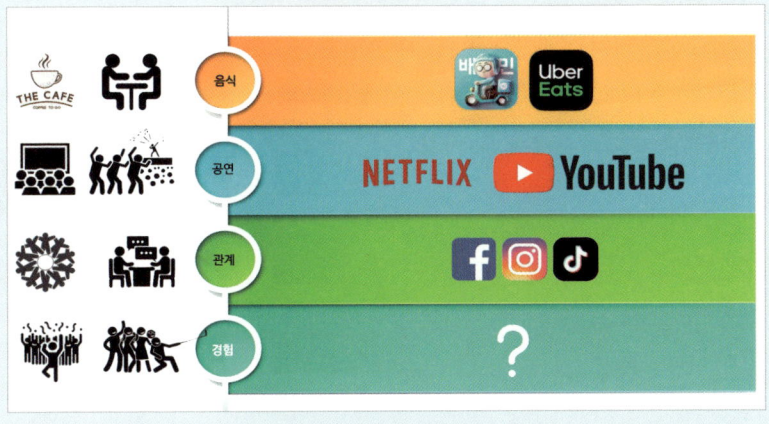

'뭐 하지?'라는 질문에 대한 대답이 비어 있다. 이 지점이 기회다.

# 차례

프롤로그 | 질문의 변화에 숨겨진 시대의 단서를 찾아라     4

### 제1장
## 경험 산업 시대가 온다

디지털에서 피지털Phygital로의 대전환     16
접속에서 접촉으로     24
의식이 연결되는 시대의 도래     32
경험 산업 시대로의 대전환     40
K-콘텐츠 글로벌 강국의 열쇠 LBE     48

### 제2장
## 도시, 세상에서 가장 거대한 테마파크가 되다

성수는 왜 힙한 공간이 되었을까     62
2천만 명이 즐기는 보물찾기 축제가 펼쳐지다     72
버려진 도심이 세계 최대 규모 집객으로 기네스북에 등재되다     82
콘텐츠가 공간을 규정할 때 혁신이 시작된다     94
복합공간이 지고 동시공간이 온다     102
70평의 꼬마빌딩이 테마파크로 변신하다     112
버려진 창고에서 영화를 체험하다 : 영국 시크릿 시네마     120
문 닫은 쇼핑몰이 차세대 테마파크로 : 이머시브 포트 도쿄     132

**제3장**

# 콘텐츠의 미래

| | |
|---|---|
| 추리 미스터리가 3대 오프라인 엔터테인먼트 산업이 된 이유 | 148 |
| 스크린 밖으로 나온 영화, 트랜스미디어 | 158 |
| 시청형 드라마에서 경험하는 드라마로, 디즈니플러스 <나인 퍼즐> | 170 |
| 마피아 게임에 시청자를 초대하다 <더 레지던스> | 176 |
| 넷플릭스 하우스, 경험을 판매하는 LBE 사업을 시작하다 | 182 |
| 100번을 봐도 새롭다 : 이머시브 다시점 연극 | 188 |

**제4장**

# 교육의 미래

| | |
|---|---|
| 특명 : 독립자금을 안전하게 전달하라! 도시가 게임의 무대가 되다 | 202 |
| 역사를 플레이하다, 120만 권 판매된 역사게임북의 성공 | 210 |
| 상상력으로 다시 채운 도서관, '사라진 도서관' 프로젝트 | 218 |
| 폐교의 반전, 수학 테마파크가 되다 | 226 |

**제5장**

# 관광의 미래

| | |
|---|---|
| 독립운동가가 되어 서대문형무소를 탈출하라! | 238 |
| 박물관이 RPG게임의 놀이터가 되다 | 244 |
| 도시 전체를 배경으로 하는 거대한 방탈출 게임 | 252 |
| 소멸 도시가 최고의 테마파크로 변신하다 | 258 |
| 30년간 버려졌던 병원이 관광 산업의 기적으로 태어나다 | 270 |
| 버려진 공간에 상상력의 마법을 불어넣다 : 미오 울프 | 278 |
| 세계 1위 SSCI 논문에 실린 강릉 한옥마을의 혁신 | 290 |
| 숙박하는 연극으로 로컬 호텔의 신화를 쓰다 | 300 |

**제6장**

# 대체불가능한 당신을 위한 조언

| | |
|---|---|
| 지드래곤의 위버멘쉬, 오늘도 대체불가능한 나를 소환하는 말 | 312 |
| Stay Curious, Be the Change | 320 |

| | | |
|---|---|---|
| 에필로그 | 기술이 대체할 수 없는 것, 경험 | 332 |

"오늘 뭐 하지?"
"이번 주말에 어디 갈까?"
"함께 뭐 할까?"

이 질문들에 답하는 비즈니스가
AI 시대 기술이 대체할 수 없는
대체불가능한 산업이 된다.

피지털 Physital

= 피지컬 Physical + 디지털 Digital

물리적 현실 오프라인과
디지털 경험이 결합된
새로운 경험의 시대를 맞이하라.

제1장

# 경험 산업 시대가 온다

# 디지털에서
# 피지털 Phygital 로의
# 대전환

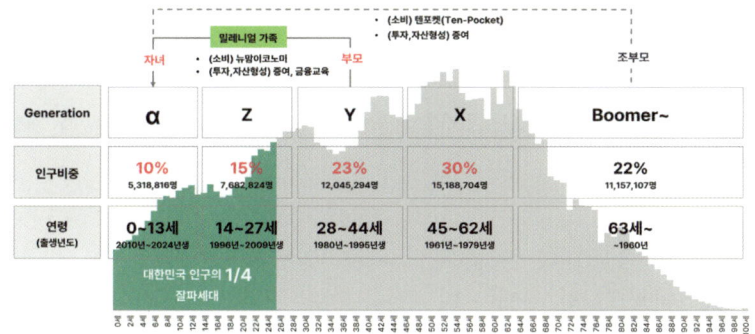

대한민국 인구 비중 분포, 출처: 하나금융연구소

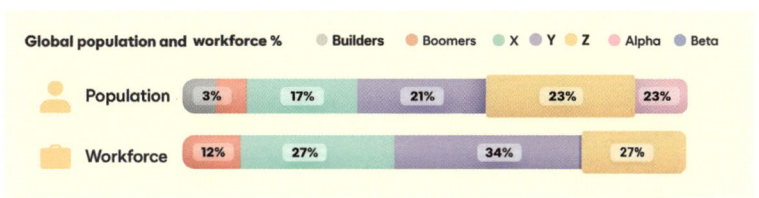

글로벌 인구 분포 및 노동력, 출처: McCrindle Research

이제 디지털 네이티브 세대가 전체 인구와 노동력 비중의 절반 이상을 차지하고 있다.

바야흐로 '디지털 네이티브 세대'가 인구와 경제의 중심에 우뚝 서게 되었다. MZ세대와 알파세대를 아우르는 이들은 이제 대한민국 인구의 절반 이상을 차지한다. 세계 전체를 보더라도 이들은 마찬가지 비중으로 소비의 주도권은 물론 문화와 사회적 흐름까지 실질적으로 이끄는 세대로 자리 잡았다. 이 세대의 가장 결정적인 특징은 기술을 바라보는 관점이 다르다는 것이다. 더 정확히 말하자면 기술과 함께 자란 이들은 생활 양식과 가치 자체가 다르다. 이전까지 세대를 나누는 기준은 나이 혹은 특정한 역사적 사건이었지만, 지금은 어떤 기술을 언제, 어떻게 접했는가가 세대의 인식 구조를 결정짓는 요소이다. 이 기준에서 디지털 네이티브는 명확하게 X세대 이전과 구별된다.

X세대와 그 전 세대는 디지털을 '배운' 세대였다. 전화번호를 외우고 직접 눌러서 통화했고, 인터넷은 '접속' 버튼을 클릭해야 가능했다. 이메일이나 메신저는 PC에서만 사용할 수 있는 도구였다. 기술은 외부에 있는 대상이자 의식적으로 사용하는 수단이었다.

하지만 디지털 네이티브는 다르다. 이들은 기술을 외부에서 '사용'하지 않는다. 디지털은 그저 존재하는 공기이고, 그 안에서 숨 쉬고 살아가는 환경이다. 인터넷은 연결이 아니라 상태이며, 스마트폰은 물건이 아니라 연장된 감각기관이다.

아이러니하게도 디지털을 '공기'로 여기는 세대는 아날로그를 신세계로 받아들인다. 종이책의 묵직함, 폴라로이드 사진의 질감, LP의 잡음, 손 편지의 잉크 자국. 이전 세대에게 익숙했던 것들이 이들에게는 새롭고도 신기한 감각이다. 디지털이 당연한 일상이기에, 오히려 그 반대편에 있는 아날로그가 '호기심의 대륙'이 된다. 고도화된 디지털 환경에서 자란 만큼, 이제는 그 디지털의 틀 밖으로 나가려는 본능적 충동이 시작된 것이다.

디지털 네이티브 세대가 경제와 문화의 중심에 서면서, 우리는 기술과 현실이 맞닿는 새로운 전환점을 목도하고 있다. 이들의 정체성은 정보를 얼마나 아는가보다 무엇에 관심을 갖고 누구와 연결되어 있는가에 의해 형성된다. 정보의 축적보다 감정의 연결이, 지식의 습득보다 경험의 선택이 더 중요하다. 그래서 이들에게 삶은 소비가 아니라 참여이며, 관람이 아니라 창조다. 그리고 그 창조는 단지 디지털에 머무르지 않는다. 디지털 속에서 자라난 세대일수록, 오히려 현실의 촉감과 사람의 관계, '진짜'를 더 갈망한다.

이들을 규정하는 또 다른 구분은 '실감 세대'다. 고도화된 게임, 인터랙티브 콘텐츠, 고퀄리티의 스토리텔링 속에서 자라난 이들은 단순한 시청이나 관람에 만족하지 않는다. 그들은 직접 몰입하고, 자신만의 역할을 갖고, 참여 속에서 이야기를 만들어가길 원한다. 감정적으로 반응하고, 직관적으로 움직이며, 자신이 경험한 것을 바로 콘텐츠화하고 공유한다. 모든 디지털 플랫폼은 이들에게 하나의 감각 기관이며, 동시에 확장된 자아로서 존재한다.

이들이 디지털 너머로 향하는 이유는 명확하다. 디지털로는 감각을 다 채울 수 없기 때문이다. 손으로 만지고, 몸으로 느끼고, 귀로 듣고, 함께 웃고 울 수 있는 것. 실재하는 경험만이 줄 수 있는 감정적 충만함. 이들이 놀이공원, 전시회, 팝업스토어, 체험형 콘텐츠에 열광하는 이유도 여기에 있다. 그것은 단지 콘텐츠를 소비하는 것이 아니라, 자신만의 서사를 만들고 그 서사를 실시간으로 기록하고 전파하는 '현실 속의 퍼포먼스'다.

이러한 현상은 성수, 홍대, 연남동 같은 도시 공간에서 뚜렷하게 나타난다. 주말이면 수많은 젊은이들이 이 거리들로 몰려들고, 카메라 앱을 켠 채 실시간으로 경험을 기록하고 전파한다. 흥미로운 점은, 디지털이 더 편하고 더 많은 것을 할 수 있음에도 불구하고 이들이 굳이 몸을 움직여 도시로 향한다는 것이다. 인기 팝업스토어와 체험형 전시는 오픈과 동시에 줄이 끝없이 늘어선 풍경을 만들고, 새로운 공간은 오픈런을 만들어낸다. 단 하루만 열리는 체험 행사조차 수천 명이 몰려들어 인증 사진을 남기고 콘텐츠를 재생산하며 스스로 또 다른 홍보자가 된다.

이들의 열기는 기존에 아무도 주목하지 않던 공간들까지 바꾸고 있다. 사람들이 찾지 않던 버려진 창고, 접근하기 불편했던 공장지대,

지도에서조차 생소했던 외곽 지역들도 흥미로운 세계관과 체험형 콘텐츠가 입혀지면 전 세계 여행자들이 몰려드는 새로운 성지가 되기도 한다. 도쿄 오다이바의 버려진 테마파크, 런던 이스트우드의 오래된 놀이공원, 상하이와 베이징의 폐창고 등 도시에서도 외면받았던 곳들에 다시금 사람들이 몰려든다. 서울의 성수 역시 역사적으로도 산업폐기물과 하수처리장이 있던 낙후된 지역으로, 10년 전만 해도 공장 밀집 지역이었다. 그러나 지금은 젊은 세대가 가장 많이 찾는 '경험의 중심지'로 완전히 변모했다. 과거의 낡고 버려졌던 장소들이 몰입형 서사와 감각적 기술이 더해지자 '가장 가고 싶은 곳'으로 전환된 것이다.

디지털 네이티브는 더 이상 수동적 소비자가 아니다. 이들은 브랜드이자 플랫폼이며, 하나의 문화적 노드로서 작동한다. 그들은 직접 경험하고, 직접 공유하며, 무심한 듯 콘텐츠를 재창조한다. 이들이 움직이는 기준은 광고나 설명이 아니다. 누가 함께했는가, 어떤 공감이 일어났는가, 그것이 곧 신뢰의 기준이다.

때문에 디지털 네이티브는 이제 유명 연예인이나 인플루언서를 능가하는 강력한 바이럴 세터가 되었다. 그들은 스스로 콘텐츠가 되고 브랜드가 되고 메시지의 시작점이 된다. 이른바 '나도 모르게 홍

새로운 오프라인 경험을 찾는 사람들로 도시가 변화하고 있다. (출처: 크리에이티브×성수)

보하게 되는' 디지털 생태계의 주역이자 전파자다. 그리고 이는 다시금 사람들을 불러 모으는 원동력으로 작동하고 있다.

이는 단순한 트렌드가 아닌 디지털 시대의 역설적 진화다. 익숙하고 편리한 디지털을 등에 업은 이들이 오히려 물리적 세계로 뛰어드는 반전은 바로 이 시대가 '피지털Phygital' 시대로 접어들었음을 상징한다. 피지털은 Physical과 Digital의 합성어로, 물리적 현실과 디지털 경험이 결합된 새로운 경험의 양식을 말한다.

우리는 이제 기술의 시대에서 공감의 시대로, 정보의 시대에서 경험의 시대로 나아가고 있다. 피지털이라는 단어는 단순한 기술 용어가 아니라, 이 시대가 어떤 방향으로 흐르고 있는지를 보여주는 키워드다. 이 둘의 융합은 결국 하나의 목표로 수렴된다. 감정을 느끼고, 진짜를 경험하고, 무대 위의 주인공으로 살아가는 것이다. 셰익스피어가 말했듯, 세상은 무대이고 우리는 모두 그 무대의 주인공이다. 세상은 이제 거대한 테마파크로 다시 태어난다. 그리고 이 무대를 창조하는 이들이 새로운 시대의 진정한 주인공이 될 것이다.

**접속**에서
**접촉**으로

누구나 가고 싶어 하는 낭만의 도시, 파리. 그 낯선 풍경 속 어딘가에서 나를 기다리는 인연이 있다. 누군가가 만들어놓은 각본에 따라 움직이는 게 아니라, 오직 나의 감정과 선택, 우연과 직감으로 모든 것이 흘러가는 생생한 경험. 단, 그 감정과 경험에 온전히 집중할 수 있도록 스마트폰을 비롯한 모든 전자기기를 내려놓고 아날로그 여행 가이드북만 사용할 수 있다. 어디로 갈지, 누구를 만날지, 어떻게 마음을 열지는 오롯이 나에게 달려 있다. 주어진 시간은 단 열흘, 이름도 모르는 누군가를 찾아야 하며 그와 진짜 사랑을 경험할 수도 있다. 만약 당신에게 이 기회가 진짜 주어진다면?

이 이야기는 넷플릭스 시리즈 〈오프라인 러브〉의 내용으로, 열 명의 싱글 남녀가 파리라는 낯선 도시에서 단 열흘 동안 오직 서로의 감정과 직감에 의지해 사랑을 찾아가는 리얼리티 실험이다. 이야기는 직업과 나이, 배경 등이 각기 다른 싱글들이 파리의 서로 다른 숙소에 도착하면서 시작된다. 참가자들에게는 간단한 여행 가이드북과 제한된 규칙이 담긴 안내서가 제공될 뿐이다. 전자기기를 모두 반납하기에 디지털 접속은 불가능하고, 만남은 오직 직접적이고 아날로그적인 방식으로만 가능하다. 참가자들은 서로의 존재를 알 수 없으며, 중간에 설정된 '랑데부 포인트'에서만 소통할 수 있다. 누군가를 만나고 싶다면 편지를 남겨 약속을 제안해야 한다. 참가자들은 각자의 감정과 판단에 따라 편지를 보내고, 그 편지가 도착하기까지 기다리며 마음을 다잡는다. 누군가를 향한 감정이 생기더라도 즉시 전달수 없고, 약속이 성사될지조차 모른 채 기다려야 한다. 그렇게 작은 용기와 신호들이 쌓이며, 감정은 점차 선명해지고 만남은 더욱 특별해진다.

〈오프라인 러브〉 포스터 (출처:넷플릭스)

과연 나를 기다리는 운명의 인연이라는 게 있을까? 막상 그 사람이 내 앞에 나타난다 하더라도 나는 그를 알아볼 수 있을까? 그에게 말을 건넬 수는 있을까? 상대가 나를 보고 실망하면 어떡하지? 아무것도 알 수가 없다. 습관처럼 손에 쥔 스마트폰으로 즉시 궁금증을 해결하고 싶은 욕구를 느끼지만, 그들은 과거의 소통 방식만 사용할 수 있을 뿐이다. 편지는 참가자들 사이의 주된 커뮤니케이션 수단이고, 일부 장소에 설치된 공중전화로 음성 사서함에 메시지를 남길 수도 있다. 그들은 누군가의 연락을 하염없이 기다린다.

그런데 그 기다림의 시간 동안 참가자들은 새로운 지점에 눈을 뜬다. 바로 자신이 평소 놓치고 있던 자기의 감정들과 마주하게 되는 것이다. 어떤 이들은 불안함과 설렘 사이에서 혼란스러워하고, 어떤 이들은 처음 느껴보는 감정의 엄습에 울음을 터뜨리기도 한다. 누군가는 손 편지를 썼다가 찢고 또다시 쓰며 마음을 다잡고, 누군가는 랑데부 장소로 향하는 내내 주체할 수 없는 떨림을 느낀다. 디지털 속도에 익숙한 세대에게 이 느림은 생경하지만, 그럼에도 그 느림 속에서 감정은 깊어지고 관계는 더 진실해진다.

이 콘텐츠의 기획자들과 제작진들도 결말을 예측할 수 없었다. 누가 누구와 연결될지, 어떤 관계가 싹트고 어떤 감정이 충돌할지, 모든 것이 오직 참가자들의 선택과 감정에 맡겨져 있었기 때문이다. 잘못하면 초반부터 이탈자가 생기거나, 드라마는커녕 어색한 정적만 흐르고, 아무런 기류 없이 밋밋하게 흘러갈 수도 있었기에 이 프로젝트는 그 자체로 실험이 될 수밖에 없었다.

하지만 이 시도는 결국 전 세계적인 열광을 불러일으키는 데 성공했다. 〈오프라인 러브〉는 공개 후 단 일주일 만에 30개국 이상에서 넷플릭스 TOP 10에 진입하며 화제를 모았고, 특히 20~30대 여성 시청자층의 폭발적인 공감을 얻었다. 에피소드 중간중간 밀도 높은 감정이 담긴 수많은 클립 영상들이 유튜브와 SNS에서 공유되며 뜨거운 반응이 일어났고, '올해 가장 울컥했던 콘텐츠', '내 마음을 조용히 흔든 다큐멘터리'라는 찬사가 쏟아졌다. 핵심은 이 콘텐츠가 디지털의 과잉 연결 시대에 '접속'에 익숙해진 우리가 갈망하고 있었던 건 '접촉'의 감각이었음을 다시 일깨워줬다는 점이다. 그리고 바로 그 통찰이 〈오프라인 러브〉를 단순한 연애 예능이 아닌 전 세계적인 공감을 이끌어낸 상징적인 콘텐츠로 자리매김하게 했다.

참가자들은 짧지만 밀도 높은 열흘이라는 시간 동안 자신이 애써 피해왔던 감정, 말로 표현하지 않았던 마음을 만나며, 연결이라고 착각했던 디지털 속에 숨어 있던 내면의 외로움과 진심을 꺼내기 시작했다. 직접 눈빛을 마주치고, 숨소리를 느끼며, 손끝으로 상대를 터치하는 감각은 스크린을 통해 간접적으로 전달되는 감정보다 훨씬 더 진하고, 때론 감당하기 어려울 만큼 벅차오른다. 빠른 텍스트보다 느린 대화가, 이모티콘보다 눈빛이, 알고리즘보다 직관이 더 많은 것을 말해주는 순간들이 찾아온다. 신기한 것은 별 대화가 없는데도 진심을 열어놓고 주고받는 몇 마디에 눈물을 보이고, 짧은 하루가 저물어가는 저녁 누군가와 나란히 걷는 행위 자체만으로도 목이 메며 자신도 예상치 못했던 감정의 폭발을 경험하게 된다는 것이다. 갈등과 오해, 침묵과 기다림, 설렘과 상처가 교차하는 시간 속에서 그들은 스스로의 감정을 주체하지 못해 울고 웃으며, 진짜 감정을 느끼는 과정을 겪는다. 그렇게 관계는 점차 진짜가 되어간다.

그리고 마지막 날, 참가자들은 서로에게 지금의 감정이 진실한지, 이 관계를 바깥 세상에서도 이어갈 수 있을지를 묻는다. 그 질문 앞에서 누군가는 긍정의 마음을 고백하고, 누군가는 이별을 선택한다. 특별한 클라이맥스가 있는 것도 아니었지만, 이 장면에 전 세계 수많은 시청자들이 진한 감동을 느꼈다고 후기를 남긴다.

참가자들은 열흘 동안 자신의 진짜 감정과 마주한다. (출처:넷플릭스)

"이토록 낯설게 진심을 느껴본 건 오랜만이다", "사랑보다 외로움이 더 깊이 와닿았다", "클라이맥스 같은 게 없는데도 시청 중 눈물을 멈출 수 없었다" 등 시청자들의 반응은 뜨거웠다.

그리고 프로그램이 방영된 이후, 파리를 방문하고자 하는 여행객들의 관심이 폭발적으로 증가했다. 적지 않은 여행사들이 이 프로그램을 모티브로 한 '오프라인 러브 투어 패키지'를 출시했다. 프랑스 관광청은 이 작품이 공개된 이후 특히 20~30대 여성 관광객의 문의가 크게 늘었으며, 촬영지였던 몽마르트르 일대를 중심으로 도보 투어나 로컬 카페 이용도 크게 증가했다고 밝혔다. 즉 이 콘텐츠는 단순한 예능을 넘어 여행과 관광, 도시 브랜딩, 심지어 부동산 개발 등 다양한 분야에서 새로운 사업 기회를 열어주었다는 평가로 이어졌다. '접속'의 시대에서 '접촉'으로 시선을 옮길 때 비로소 드러나는 가능성과 감각의 회복, 그리고 그것이 가져오는 경제적, 정서적 파급 효과를 상징적으로 보여준 사례다.

넷플릭스는 이 작품을 통해 디지털 콘텐츠가 범람하는 시대에 오히려 '오프라인'의 진짜 정서가 어떻게 반응하는지를 실험해보고자 했다. 스크린 안에 갇힌 디지털 콘텐츠의 한계를 극복하고 물리적 공간과 결합하는 현실 세계 기반의 확장 엔터테인먼트, 곧 LBE(Location-Based Entertainment)의 가능성을 검증하는 접근이었다. 실제로 이 작품의 총괄 프로듀서는 인터뷰에서 "기술과 알고리즘이 주도하는 시대일수록 오히려 사람 간의 감정, 접촉, 우연성이 콘텐츠의 중심이 될 수 있다"며, "이러한 감정 중심의 내러티브가 글로벌 시청자에게 어떤 방식으로 다가갈 수 있는지를 실험하고자 했다"라고 밝혔다. 그 결과는 명확했다. 사람들은 여전히, 아니 오히려 더, 오프라인에서의 진짜 감정과 경험을 갈망하고 있었으며, 그 반응은 전 세계적인 시청률과 공감으로 되돌아왔다.

# 의식이
# 연결되는 시대의
# 도래

과거 생존이 지상 과제였던 시대에 지식은 곧 생존과 성공의 열쇠였다. 정보를 생산하고 접근할 수 있는 사람은 극소수였으며, 지식을 모으고 확산시키는 수단을 가진 공동체, 정치, 군사, 종교 집단의 핵심이 모든 권력을 가졌다. 종교, 국가라는 이름의 개체는 하루가 다르게 엄청난 규모로 그 위세를 강화했다.

그러다가 인터넷이 등장했다. 모든 것이 달라졌다. 인터넷은 마치 거대한 지식의 댐이 무너진 것처럼, 수천 년 동안 소수에게 집중되어 있던 정보의 흐름을 단숨에 뒤흔들었다. 이전에는 일부의 손에 쥐어진 지식의 보관소를 통해서만 진입할 수 있었던 정보의 장이 이제는 누구나 접근할 수 있는 공유의 장으로 확장되기 시작한 것이다. 2000년에 3억 명이었던 전 세계 인터넷 사용자 수가 2023년에는 53억 명을 넘어섰다. 이제 지식은 모든 곳에서 생겨나 모든 방향으로 퍼져나가고, 몇 번의 클릭만으로 세상의 비밀이 열린 듯한 경험은 인류의 인식 지형을 재구성하기 시작했다. 매일 아침 눈을 뜨면서부터 우리는 세계와 연결되고, 그 연결은 존재 방식 자체를 바꿔놓았다.

이런 시대가 펼쳐지자 아이러니하게도 사람들은 그 수많은 정보들 속에 비친 '나'를 의식하기 시작했다. 정보가 많아질수록 사람들은 타인의 삶을 더 자세히 들여다보게 되었고, 타인을 보면 볼수록 자신에 대한 의문이 더 깊어졌다. 모두가 비슷하게 살아간다고 믿었는데, 연결 속 세상은 달랐다. 비교가 시작되었다. '저 사람은 저렇게 반짝이는데, 나는 왜 이렇게 흐릿할까?', '나는 뭘 좋아했지?', '내 삶은 제대로 가고 있는 걸까?'라는 질문들이 머리를 채웠다. 비교는 곧 불안이 되었다.

더 많은 정보에 자유롭게 접근하게 되었음에도 인류는 오히려 그 정보 속에서 더 많은 결핍을 느끼고, 더 깊은 자기 검열과 불안 속으로 빠져들게 된다. SNS 피드에 넘쳐나는 성공과 행복의 이미지들 속에서 사람들은 자기도 모르게 타인의 기준으로 자신을 재단하고, 그 안에서 뒤처졌다고 느끼는 순간 불안이라는 감정이 피어오른다.

나를 중심으로 주변을 바라보기 시작하자 사람들은 불안해하기 시작했다.
(출처: 알랭 드 보통, 《불안》)

그런데 여기서 또 한 번의 전환이 일어난다. 나를 의식하는 시대가 되자, 사람들은 세상에 아무리 귀한 금은보화가 있다 하더라도 그것이 내게 어떤 의미를 가지는가가 더 중요하다고 여기기 시작한 것이다. 즉 '정보의 소비'라는 관점에서 '자기의 발견'이라는 패러다임으로의 전환이 일어났다. 지식을 찾기 위해 검색어를 입력하고 결과를 찾는 행동보다는, 또한 남의 멋진 모습을 관찰하는 것보다는 나의 관심사와 취향을 중심으로 세상을 연결하는 일에 더 집중하게 되었다. 어느샌가 인터넷은 정보의 바다에서 '관심의 바다'로 흐름을 바꾸었고, SNS는 그 위를 떠다니는 새로운 배가 되었다. 관심을 중심으로 관계와 감정이 움직이는 SNS의 시대가 열린 것이다. 과거 나보다는 우리we가 중요하던 W의 시대에서, '나Me'의 감정과 취향, 경험이 실시간으로 표출되고 연결되는 관심의 시대, 즉 'M의 시대'로 전환되었다. 검색보다 피드, 지식보다 공감으로의 전환을 통해 정보의 바다에서 의식의 바다로의 거대한 이동이 일어났다.

정보가 연결되는 것에 비해, 관심과 의식이 연결되는 것은 전혀 다른 차원의 연결구조와 사회변화를 이끌어낸다. 운동장에 100명씩 모여 있는 두 개의 그룹을 상상해보자. 한쪽 그룹은 서로 잘 알지 못하는 사람들로 구성되어 있고, 또 다른 그룹의 구성원들은 이미 관심사나 감정을 공유하는 사이이다. 전자는 어색하고 정적인 분위기 속에서 대화를 시작하는 데 시간이 필요하지만, 후자는 애써 대화하려고 노력하지 않아도 공감대가 형성되어 있으며 행동은 자연스럽게 발생한다. 바로 이것이 동질적 관심 기반 네트워크가 가진 에너지의 원리다.

 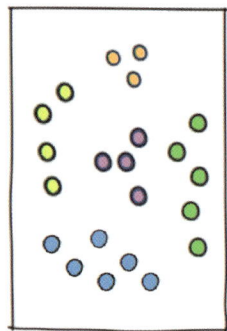

어떻게 연결되어 있느냐에 따라 전혀 다른 에너지 상태를 만들어낸다.

　예를 들어 당신이 요즘 클라이밍에 푹 빠져 있어 매일같이 암벽에 매달리고 싶은 기분이라고 해보자. 친구에게 연락해서 같이 클라이밍을 하자고 제안해보지만 돌아오는 반응은 "너나 해", 또는 "왜 그런 힘든 걸 좋아해?" 정도일 것이다. 클라이밍의 매력을 구구절절 설명해봐도 친구가 공감을 해주거나 설득되어 같이 클라이밍을 하기란 쉽지 않다. 그러는 사이 당신의 흥도 식고 만다.

하지만 클라이밍 동호회 사람들과 대화를 나눈다면 상황은 180도 달라진다. 관심사와 감정을 공유한 사람들끼리는 많은 말이 필요 없다. 공감은 곧 행동으로 나타나며, 적은 에너지를 들이고도 실행으로 이어지는 속도가 빠르다. 그래서 관심 기반의 연결은 훨씬 더 적은 에너지를 사용하면서도 변화를 이끌어내는 것이 가능하다. 공감은 설득보다 빠르고, 관심은 논리보다 강하다.

이전의 인터넷은 정보의 바다였다. 하지만 지금의 네트워크는 전 인류의 의식이 연결되는 '관심의 바다'다. 사람들은 무엇을 아는가보다 무엇에 반응하는가에 따라 서로를 찾아낸다. 좋아요, 댓글, 해시태그는 감정의 지문이다. 그들의 감정과 관심은 디지털을 매개로 현실 세계에서의 진짜 경험으로 촉발되고 있다.

디지털이 열어젖힌 연결은 이제 '나는 누구지? 나는 무엇을 좋아하지?'의 개인적인 관심에 국한되지 않고, '함께 경험할 수 있는' 오프라인으로 확장되고 있다. 검색과 피드, 댓글과 메시지로 이어진 수많은 연결들이 이제는 물리적인 만남과 몰입의 공간으로 확장되길 원한다. 단지 화면 속 감정이 아닌, 실제 공간에서의 공감, 실제 몸으로 겪는 경험, 함께 만드는 기억. 바로 그곳에서 새로운 기회가 열린다. 디지털 세계가 질문을 확산시켰다면, 그 해답은 오프라인에서 구현되기 시작한다.

이제 우리가 주목해야 할 질문은 "오늘 뭐 하지?", 그리고 "함께 뭐 할까?"이다. 이는 산업 전반에 걸쳐 커다란 변화를 예고한다. 단순히 물리적 체험의 귀환이 아니라, 감정과 관계의 새로운 장이다. 기술은 이제 인간의 감정을 유통시키는 도구이고, 디지털은 오히려 피지컬의 가치를 재조명하는 거울이 되었다.

우리는 지금 거대한 전환의 초입에 서 있다. 기술이 만든 연결 위에서, 정보에서 감정으로, 연결에서 공명으로, 그리고 이제 공명에서 경험으로의 전환이다. 그 실현은 디지털 너머의 세계, 다시 물리적 세계에서 시작된다. 그곳이 바로 다음의 변화가 움트는 곳이다.

지금, 우리가 주목해야 할 질문

"오늘 뭐 하지?"
"함께 뭐 할까?"

# 경험 산업
# 시대로의
# 대전환

인류 기술의 발전은 놀랍게도 '노동시간의 감소'라는 공통의 변화를 촉진하고 있다. 18세기 산업혁명 시대, 인간의 삶은 노동 그 자체였다. 많은 노동자들이 하루 12시간에서 16시간씩 일해야 했고, 주 7일 노동이 당연했다. 사람들은 삶의 대부분을 생존을 위한 노동에 매달려야만 했다.

19세기 후반부터 노동시간 단축 운동이 전 세계적으로 확산되면서 주 7일 근무가 당연했던 노동환경도 점차 변화했다. 여러 나라에서 하루 노동시간을 제한하는 법률이 도입되기 시작한 것이다.

20세기 초반에는 선진국을 중심으로 주 6일 근무제가 보편화되었다. 더 나아가 미국에서는 대량생산과 공장 자동화의 혁신을 이끈 헨리 포드가 포드 자동차 회사에서 처음으로 주 5일 근무제를 도입했다. 이는 생산성 증대로 인한 비용 절감 효과를 노린 결정이기도 했지만, 직원 만족도 향상과 여가 생활의 증대라는 부수적인 효과를 낳았다. 포드의 실험은 성공적이었고, 이 모델은 다른 기업과 산업으로 빠르게 확산되었다. 결국 미국에서는 주 40시간 노동제가 법으로 확립되었고, 주 5일 근무는 미국 노동시장의 표준이 되었으며 유럽 국가들도 노동자의 삶의 질 개선과 노동 생산성 증진을 이유로 노동시간 단축 정책을 적극 추진했다. 사람들은 노동자의 복지 향상과 여가 생활이 소비 촉진과 내수경제 활성화에 큰 영향을 미친다는 사실을 서서히 이해하기 시작했다.

21세기에 들어와서는 노동시간 단축 실험이 더욱 과감하게 이루어지고 있다. 최근 몇 년간 뉴질랜드, 아이슬란드, 일본, 한국 등 다양한 국가와 기업이 주 4.5일제 또는 주 4일제를 시범 도입하고 있다. 아이슬란드에서는 2015년부터 2019년까지 진행된 대규모 주 4일 근무제 실험을 통해 생산성이 유지되거나 향상되었고, 직원들의 스트레스는 줄어들었으며, 삶의 만족도는 눈에 띄게 증가했다. 한국 역시 정부 차원에서 주 52시간 근무제를 도입했으며, 최근에는 정치권에서도 주 4.5일제 도입까지 논의하는 단계로 진입하고 있다.

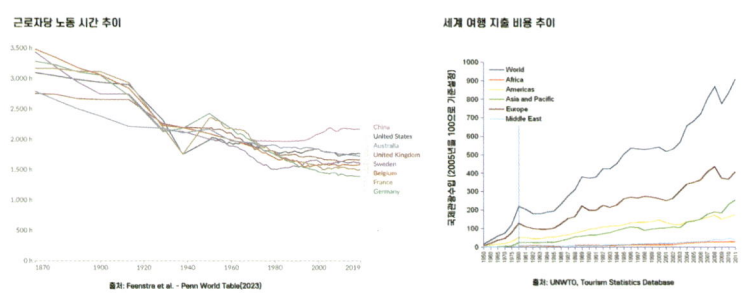

세계 노동시간 감소는 여가 관광 산업의 성장을 견인하고 있다.

이러한 변화의 핵심에는 기술 혁신을 통한 노동 효율성의 비약적인 향상이 있었다. 특히 최근 들어 AI와 로봇 기술이 급속도로 발전하면서 노동시간 단축 흐름은 더욱 가속화되고 있다. 덕분에 인간은 반복적이고 기계적인 업무에서 벗어나, 창의성, 혁신적 사고, 감성적 소통 등 보다 더 고차원적인 역할에 집중할 수 있는 환경이 본격적으로 마련되고 있다.

노동시간 감소는 사람들의 삶의 질을 획기적으로 개선하는 계기가 되었다. 가장 큰 변화는 사람들이 반복적이고 단순한 업무에서 벗어나 더욱 인간다운 활동과 가치 창출에 집중하게 되었다는 것이다. 당연하게도 여가 시간이 늘어날수록 문화 산업, 관광 산업, 여가 및 레저 산업, 외식 및 음식 문화 산업 등 다양한 분야가 성장한다.

특히 문화 콘텐츠 산업은 과거 제조업 중심이었던 세계 경제 구조를 재편할 만큼 영향력을 키웠다. 세계적인 경영컨설팅 기업 프라이스 워터하우스 쿠버스PwC의 'Global Entertainment & Media Outlook'에 따르면, 2024년 전 세계 엔터테인먼트 및 미디어 산업 매출액은 약 2.9조 달러를 기록했다. 영화, 음악, 스트리밍 서비스, 게임, e스포츠 등 다양한 분야가 지속적으로 높은 성장률을 보이며, 단순 소비를 넘어 새로운 일자리와 생태계를 만들어내고 있다. 콘텐츠 소비의 급증은 오프라인 제조업 기반의 경제구조를 넘어 디지털 기반 창조 경제로의 전환을 가속화시켰다.

관광 산업 또한 세계 GDP의 약 10%를 점유하며, 글로벌 고용의 10명 중 1명을 차지하는 등 거대 산업으로 성장했다. 세계관광기구에 따르면, 코로나 팬데믹 이후 국제 관광객 수는 빠르게 회복 중이며, 특히 체험형 관광, 웰니스 여행, 로컬 경험을 중시하는 트렌드가 부상하고 있다. 관광은 지역 경제를 활성화시키고 다수의 중소기업과 서비스업에 긍정적인 파급효과를 가져오면서 높은 고용창출력을 보여주고 있다.

웰빙 및 건강 산업도 급성장했다. 글로벌 웰니스 인스티튜트GWI는 2022년 웰니스 시장 규모를 약 5.6조 달러로 추산했다. 이는 전체 글로벌 경제의 5%를 상회하는 수준이며 자동차 산업보다도 훨씬 더 큰 수치다. 피트니스, 요가, 명상, 헬스케어 서비스뿐 아니라 정신건강, 수면, 스트레스 관리 등 다양한 세부 분야가 독립적인 산업군으로 성장하고 있으며, 디지털 헬스케어 분야까지 포함하면 그 규모는 계속 확대되고 있다.

음식 문화 산업은 새로운 경험 소비를 중심으로 진화했다. 단순히 식사를 해결하는 것이 아니라, 지역 특색을 체험하고 스토리를 소비하는 형태로 발전하면서 미식 관광, 고급 레스토랑 시장, 배달앱 기반 서비스 산업이 급격히 성장했다.

기술 기반의 소통 산업(SNS, 커뮤니티 플랫폼) 또한 폭발적으로 성장했다. 메타(페이스북, 인스타그램), 틱톡, 유튜브, 트위터 등의 글로벌 플랫폼들은 각각 수십억 명의 사용자를 기반으로 새로운 비즈니스 모델을 창출한다. 디지털 소통은 단순 정보 전달을 넘어 인간관계 형성, 커뮤니티 구축, 사회적 캠페인 활성화 등 다양한 형태로 확장되면서 사회 전반에 깊숙이 영향을 미치고 있다.

기술은 우리에게 시간을 돌려주었다. 반복적이고 단순한 노동에서 벗어나 자신만의 시간을 온전히 누릴 수 있게 된 인간은 이제 "뭐 하지?"에 대한 해답을 요구하고 있다. 경험은 더 이상 사치가 아니라 필수 조건이 되었고, 더 나은 경험을 제공하는 기업과 공간, 플랫폼이 선택받고 있다.

이제 경험 산업의 시대가 온다. 모든 산업은 인간의 시간과 감정을 차지하기 위한 '경험의 전쟁'에 돌입했다. 관광, 전시, 축제, 체험형 콘텐츠, 몰입형 공간, 자기계발, 취향 기반 커뮤니티 활동까지, '더 나은 나', '더 깊은 관계', '더 강한 감정적 교감'을 충족시키기 위해 총력전을 펼칠 것이다. 기존의 모든 산업이 인간을 주인공 삼아, 더 특별한 경험을 선사하는 방향으로 발전하게 될 것이다. 개인에 집중된 경험은 물론 소수의 신뢰 관계를 위해, 나아가 수천 수만 명이 동

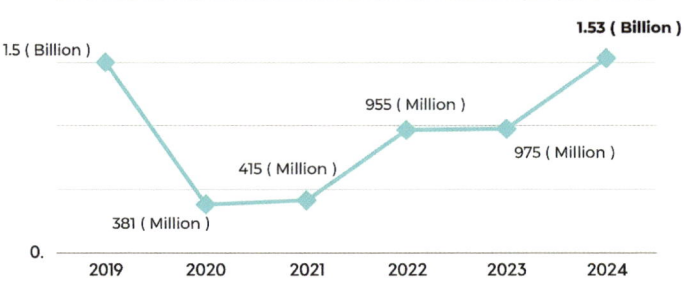

한 해 약 15억 명의 사람들이 세계를 여행하며 특별한 경험을 찾는다. (출처: World Travel & Tourism Council)

시에 참여하는 집단의 경험을 위해서 말이다.

    기술이 인간의 삶 대부분을 재현하고 대체할 수 있는 시대일수록, 오히려 더욱 분명해지는 사실이 있다. 그것은 기술이 닿을 수 없는 고유한 인간의 감정이 표출되는 '경험'이다. 이제 사람들은 단순히 제품을 소유하거나 정보를 습득하는 데 만족하지 않고, 무언가를 '경험한다'는 그 자체에 더 큰 가치를 둔다. 그리고 그 경험이 나만의 서사와 연결되어 있을 때, 비로소 우리는 감정적으로 움직이고, 행동하며, 그것에 몰입한다.

따라서 AI를 위시한 최근의 엄청난 기술 발전은 생산성의 향상, 인간 노동력의 대체라는 기능적인 관점으로만 볼 것이 아니라, 새로운 '시간의 확장' 그리고 그 너머의 '기회'로 보아야 한다. 더 많은 시간은 더 많은 경험을 의미하고, 그 경험을 무엇으로 채우느냐가 산업의 미래를 결정짓는다. 때문에 우리는 단순히 산업이 바뀌는 전환점에 서 있는 것이 아니라, 인간의 본질적 욕구가 산업의 중심이 되는 진정한 '경험의 시대'로 진입하는 서막에 서 있다.

# K-콘텐츠
## 글로벌 강국의
## 열쇠 LBE

어릴 적 집에서, 혹은 학교 수련회나 대학 시절 MT를 갔을 때, 밤 늦은 시각까지 친구들과 '마피아 게임'을 해본 경험이 한 번쯤은 있을 것이다. 서로를 의심하며 웃고 소리치던 역할극 게임, 이 단순한 형식이 만들어내는 몰입과 긴장감은 언제나 짜릿했다. 이 마피아 게임이 방송 콘텐츠로 진화한 것이 바로 JTBC의 예능 프로그램 〈크라임씬〉(2014~2017)이다. 탐정과 용의자가 엇갈리는 심리전 속에서 진실을 추리하는 포맷의 이 예능 프로그램은 젊은 세대로부터 열광적인 반응을 이끌어내기에 충분했다. 전국에서 〈크라임씬〉을 모티브로 하는 게임 카페가 생겨났고, 수십만 명의 고정 팬덤을 가진 장르로 발전하며 해외로까지 퍼져나갔다. 하지만 '추리 미스터리'라는 장르 특성상 전 세대를 아우르기엔 다소 제한적이었고, 무엇보다 방송이라는 틀에 갇혀 있었기에 시청률의 벽을 넘지 못하고 더 큰 확장을 이어가지 못한 채 2017년 종영을 맞이했다.

그런데 놀랍게도, 이 역할극 기반 추리 게임 장르는 중국에서 '쥐번사(劇本杀)'라는 이름으로 무려 8조 원 규모의 중국 3대 오프라인 엔터테인먼트 산업으로 성장했다. 중국에서는 방송 판권을 구입해 이 포맷을 '명성대정탐(明星大侦探)'이라는 이름으로 리메이크했고, 단순한 예능 방송을 넘어선 체험형 콘텐츠로의 진화를 시도했다. 그 시도가 대성공을 거두며 이제 현실 공간에서 직접 연기하고 몰입하고 감정을 교환하는 체험형 게임으로 발전해 무려 4만 5천 개의 매장에서 동시에 플레이되고 있다. 중국 MZ세대의 85% 가까이가 쥐번사를 한 번 이상 즐겼을 정도로 대중화되었다. 그러다 보니 뷰티, 패션, F&B, 심지어 관광, 교육의 혁신으로까지 이어지고 있다. 여기에 참여한 수많은 이들은 단순 소비자에 머물지 않는다. 누구나 스스로 작가가 되고 창작자가 되어 이야기를 만들고, 판매하고, 돈을 벌 수 있다. 매장이 4만 개가 넘다 보니 인기 콘텐츠의 경우에는 한 해 수십억 원의 인세를 버는 사람까지 있다.

한국의 추리 미스터리 예능 콘텐츠가 중국에서 8조 원 규모의 LBE 산업으로 발전했다.

하지만 한국은 방송 판권만 팔았을 뿐, 이후 중국에서 파생된 수천 개의 콘텐츠, 수만 개의 공간, 수조 원의 매출에서 아무런 수익도 얻지 못하고 있다. 우리가 만든 IP가 디지털 콘텐츠 산업보다 훨씬 더 큰 규모로 폭발하고 있는데도 말이다. 속상해하고만 있을 게 아니라, 오히려 이제 콘텐츠는 디지털 안에 갇혀서는 안 됨을 깨달아야 한다. 피지털 시대, 사람들은 직접 그 콘텐츠의 일부가 되어 체험하고 싶어 한다. 스크린 너머가 아니라 현실 한가운데서.

21대 대한민국 대통령으로 취임한 이재명 대통령은 "문화가 곧 경제이며, 국가의 경쟁력"이라는 선언으로 K-컬처 문화강국 실현을 1호 공약으로 내세웠고, 실제로 문화체육관광부 예산을 국내총생산의 2% 이상으로 확대하겠다는 계획까지 발표했다. 콘텐츠 창작의 전 과정에 걸쳐 국가가 적극적으로 참여하고, 특히 차세대 문화 산업으로의 혁신에 적극 투자하겠다는 내용이었다.

필자는 이재명 대통령과 후보 시절 K-콘텐츠의 청사진에 관해 간담회를 가진 바 있다. 그 자리에서 K-콘텐츠는 이제 디지털 중심의 ICT에서 공간, 지역과 결합하는 LBE 산업으로 육성해야 한다는 뜻을 전했다. 이재명 대통령도 이에 크게 공감하며 "공간에 사람들이 즐길 수 있는 스토리가 있으면 이제 사람이 얼마든지 몰려온다"라고 말했다. 기존의 건물을 짓고 나서 무엇을 채울지 고민하던 하드웨어 중심의 정책에서 벗어나, 콘텐츠 자체가 공간을 바꾸고 도시의 흐름을 만들고 새로운 경제를 재편하는 주체가 되어야 한다며 이 부분을 중점

이재명 대통령은 K-콘텐츠 문화강국을 1호 공약으로 내세우며 지역과 상생하는 LBE 산업을 챙기겠다고 말했다. (출처: 이재명TV)

적으로 챙기겠노라 다짐하기도 했다.

디지털 콘텐츠는 이제 그 자체로 완결되는 것이 아니라, 물리적 공간과 결합하여 경험의 깊이를 만든다. 게임 카페, 체험 전시, 팝업 스토어, 도심형 테마 공간, 지역 관광과 연계된 콘텐츠 프로그램 등 다양한 산업군과 결합하며 시너지를 창출한다. 이 과정에서 공간은 단순한 배경이 아니라 콘텐츠의 일부가 된다. K-문화강국 전략이 실질적인 성과를 내기 위해서는, 디지털 콘텐츠를 뛰어넘는 피지털 전략이 병행되어야 한다. 지역 기반 콘텐츠, 공간 기반 콘텐츠, 그리고 오프라인 몰입형 체험은 이제 선택이 아닌 필수다.

디지털에서 시작된 이야기가 물리적 공간에서 완성될 때, 그것은 더 이상 콘텐츠가 아니다. 그것은 '경험'이 되고 '관광'이 되고 '소비'가 되고, 무엇보다 '일자리'가 된다. 그리고 그 모든 것을 아우르는 것이 바로 LBE, 즉 Location-Based Entertainment다.

바야흐로 오프라인 기반의 콘텐츠 산업 규모가 이제 온라인 게임 시장을 넘어서는 수준까지 왔다. 공간과 결합해서 즐기는 LBE 영역은 20조 원 규모에 달하고, 방탈출, T-RPG 역할극 콘텐츠 등만 하더라도 각 10조 원 규모를 넘어선다. 이는 국내 1조 원, 글로벌 10조 원 규모의 웹툰 시장을 능가하는 수치이자 닌텐도, 로블록스, 스팀 같은 온라인 게임 플랫폼보다도 큰 규모이다.

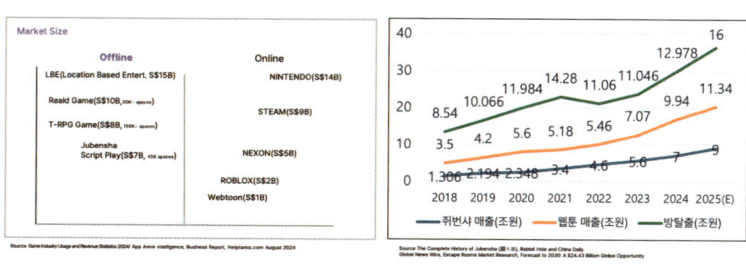

이제 오프라인 게임 콘텐츠가 온라인을 능가하는 규모로 성장하고 있다.

디지털 콘텐츠는 피지털이라는 개념이 더해지며 새로운 경제로 진화하고 있다. 과거 오프라인은 현실 세계의 제약으로 인해 디지털 콘텐츠 대비 여러모로 규모의 경제를 만들기 어렵다는 선입견이 있었다.

하지만 이제는 기술이 더해지며 상황을 반전시키고 있다. 오히려 디지털 콘텐츠는 접근성과 확산성, 즉 유통의 관점에서 강점을 가지지만, 현실적으로는 대부분 무료로 제공되며 광고에 의존하거나 몇백 원 단위의 소액 결제로 소비되기 때문에 웬만큼 독점적인 플랫폼을 마련하기 전까지는 규모의 경제를 만들기 어렵고 지속가능성을 확보하기 어렵다는 약점이 있다. 반면 오프라인 콘텐츠는 기본 수만 원에서 수십만 원을 지불하는 것도 자연스럽다는 특징이 있다. 웹툰 한 편 결제하는 데에는 500원도 아깝다고 여길 때가 있지만, 방탈출은 3만 원이면 보통이라고 할 정도다. 게다가 요즘은 30만 원이 넘는 초대형 규모의 방탈출까지 등장하고 있는데 예약 경쟁이 치열할 정도로 인기를 얻고 있다.

디지털 플랫폼의 활성화 정도는 실시간 또는 한 달 방문자 수 MAU로 설명하곤 한다. MAU가 100만이라고 하면 한 달에 100만 명이 찾아와 해당 플랫폼을 사용하고 비용도 지불하는 상황을 자연스럽게 떠올릴 수 있다. 그런데 오프라인 공간에는 MAU라는 개념을 적용하는 것이 자연스럽지는 않다. 공간은 클릭만 하면 접속하듯이 그렇게 쉽게 방문할 수 있는 게 아니기 때문이다.

하지만 이제는 오프라인 공간 자체가 거대한 엔터테인먼트 플랫폼이 되면서 온라인과 비교해서도 훨씬 더 큰 시장 가치를 창출하고 있다. 엄청난 인파가 몰려 혼잡 경보령까지 떨어지는 것으로 유명한 서울 성수의 경우 한 달 방문자 수만 250만 명이 넘는다. 매주 새로이 생겨나는 수많은 팝업스토어와 전시 체험형 콘텐츠가 도시에 넘쳐나며 오픈런은 일상이다시피 하다. 사람들은 디지털 대비 현실 세계에서 적지 않은 돈을 '경험'에 지불한다. 야외 공간을 방문하는 것이 여러 가지 관점에서 시간과 비용이 드는 형태라는 점을 고려할 때, 이런 현상은 이전에 없던 전혀 새로운 변화의 현장이라고 할 수 있다.

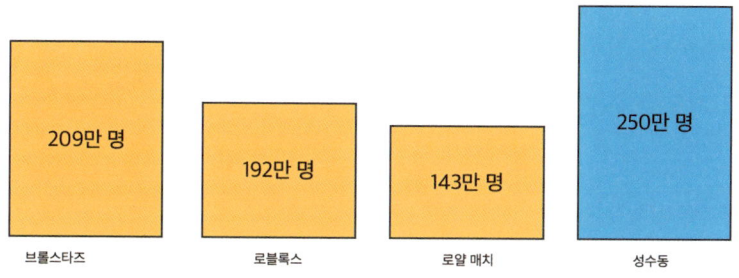

이제 오프라인 공간 방문자 수가 온라인 게임 방문자 수를 압도한다.
(출처: 게임인덱스, 서울교통공사)

이제 LBE를 주목해야 한다. 요즈음 많은 이가 찾는 팝업, 테마파크, 놀이공원, 체험 클래스, 몰입형 공연 등은 나의 역할과 선택이 반영되는 공간이다. 게임처럼 설계된 스테이지이며, 나만의 서사를 구성해나가는 무대로 변모하고 있다. 이러한 형태의 피지털 콘텐츠들은 단일 콘텐츠로 월 수십만 명의 관객을 동원하며, 하나의 장소가 몇 달 만에 수십억에서 수백억 원의 매출을 올리기도 한다. 디지털 세계에서 흥미롭게 소비되었던 세계관과 이야기가 현실 세계에서 실재화되며 엄청난 경제적 파급력을 만들어내는 것이다.

최근에는 이러한 여가, 관광 시장에 피지털 기술이 더해지며 그 폭발력은 디지털을 압도하기에 충분할 것으로 전망된다. 피지털은 사람들에게 새로운 '역할'을 부여하고, 새로운 '서사'를 제공하며, 감각적이고 감정적인 '몰입'을 경험하게 한다. 사용자는 더 이상 관람객이 아니다. 그들은 탐험가이자 주인공이며, 경험의 설계자다. 이들은 단순한 전시나 공연이 아니라, 이야기와 연결된 공간, 선택과 참여가 가능한 구조, 그리고 내가 주인공이 되는 세계를 원한다.

이 책을 통해 본격적으로 펼쳐지고 있는 피지털 기반의 LBE 시장을 소개하며 경험 경제, 나아가 경험 산업의 시대를 함께 목도하고자 한다. 그 변화의 현장으로 지금 함께 들어가보자.

디지털에서 시작된 이야기가
현실 오프라인 공간에서 완성될 때,
그것은 '경험'이 되고
'관광'이 되고 '소비'가 되고,
무엇보다 '일자리'가 된다.

그 모든 것을 아우르는 것이 LBE,
즉 Location-Based Entertainment이다.

사람들은
이제
도시를
'플레이'한다

제 **2** 장

# 도시,
## 세상에서 가장 거대한
## 테마파크가 되다

도시는 한때 인프라였다. 도시는 도로와 수도, 전기와 철도, 콘크리트로 다져진 하드웨어의 플랫폼이었고, 권력과 자본을 쥔 자들만이 설계하고 소유할 수 있는 공간이었다. 행정과 산업의 거점, 물류와 통제의 중심이자, 공급자와 수요자가 명확히 나뉜 구조 안에서 사람들은 그저 거주하고 이동하고 소비하는 존재에 불과했다.

시대가 달라졌다. 도시를 소비하는 방식도, 도시를 구성하는 주체도, 도시를 대하는 관점도 근본부터 바뀌었다. 오늘날 도시는 콘텐츠 플랫폼이며, 사람들의 감정이 교차하고 경험이 쌓이는 거대한 무대로 변모했다. 도시는 이제 공급자의 공간이 아니라 이용자의 공간이며, 정책으로 설계되는 것이 아니라 놀이로 재창조되는 살아 있는 생명체가 되었다.

오프라인은 한때 디지털의 광풍에 뒷전으로 밀려났다. 고정비가 높고 확장성은 낮으며, 시간과 자원의 소모가 많은 비효율적인 영역으로 치부되었다. 하지만 디지털 네이티브는 오히려 현실에서의 경험을 갈망한다. 피지털의 물결은 현실 공간에 스토리와 다양한 인터랙션 기술들이 더해지며 도시를 다시 가장 강력한 플랫폼으로 되살려놓았다.

사람들은 이제 도시를 '플레이'한다. 이 변화는 단순한 트렌드가 아니라 구조적 전환이다. 과거의 도시가 정주와 통제의 공간이었다면, 미래의 도시는 참여와 놀이의 공간이다.

수많은 도시들이 지금 이 변화에 올라타고 있다. 이 장에서는 그중 몇 가지 선명한 사례를 통해, 도시가 어떻게 콘텐츠 플랫폼이자 엔터테인먼트 무대로 다시 태어나고 있는지, 그 청사진을 그려보고자 한다. 이 변화는 이미 시작되었고, 미래는 그 변화의 연장선 위에 있다.

**성수**는
왜
**힙한 공간**이
되었을까

대한민국에서 가장 큰 테마파크는 어디일까? 롯데월드? 에버랜드? 아니다. 바로 도시다. 그리고 지금 그 중심은 바로 서울 '성수'다. 서울에서 가장 낙후된 지역 중 하나로 꼽히던 오명을 벗고, 성수는 2024년 '세계에서 가장 멋진 도시World's Coolest Neighbourhood' 순위에서 4위에 선정될 정도로 대한민국이 만들어낸 가장 크고 가장 진화한 도시형 플랫폼이 되었다. 팝업스토어의 90% 이상이 성수에서 열리고, 다양한 브랜드의 실험적 공간으로 스타트업의 쇼룸이 자리 잡으며, 길거리 마켓의 핫플레이스로 등극하여 하루 안에 수많은 취향과 경험을 누빌 수 있는 도시형 테마파크가 되었다. 성수는 명실공히 대한민국에서 '가장 재미있는 동네' 중 하나가 되었다.

통계에 따르면 성수는 연 3천만 명이 방문하며 한 달에 250만 명 이상이 찾는 등 유동 인구가 단일 공간 기준으로 전국 최고 수준이다. 테마파크 연간 방문자 수치를 아득히 뛰어넘는 규모로, 대한민국은 물론 세계 어떤 테마파크도 성수라는 도시적 플랫폼의 체험 밀도를 따라올 수 없다.

도시를 하나의 '오프라인 게임 플랫폼'으로 생각해보면 성수에서는 디지털 기반의 산업보다 훨씬 더 크고 강력한 소비 구조를 실현할 수 있음을 알게 된다. 지불 가능 경험이라는 관점에서는 디지털이 앱이나 게임의 월간 활성 이용자 수가 아무리 높아도 실제적인 경제 유발과는 괴리가 있는 반면, 현실에서의 경험은 클릭 이상의 결제를 유도하며 훨씬 더 강한 브랜드 충성도와 체험 만족도를 창출해낸다. 성수는 디지털 대비 수십 배가 넘는 돈을 기꺼이 지불하게 만드는 '지구 최강의 비즈니스 모델'이 작동 중인 도시다.

성수에 뿌리를 내리고 있는 기업인으로서, 크리에이티브x성수 기획위원회의 일원으로서, 이곳에 대한 필자의 감회는 남다르다. 한때 가장 저렴해서 부담 없이 사업을 시작해보고자 찾았던 곳이 성수였다. 제조업이 깊이 뿌리내렸던 동네, 예전의 성수동은 서울 구두 산업의 중심지였고 낡고 오래된 철공소들이 골목마다 빼곡히 들어서 있었다. 변화의 흐름 속에서도 성수동은 도시 개발의 바람을 오랫동안 거부하며, 옛 산업화의 흔적을 고스란히 간직한 채 남아 있었다. 구두 수선점과 자동차 폐차장이 뒤섞인 풍경은 저녁이 되면 을씨년스럽기까지 했다.

그런데 성수동의 이러한 낡음과 투박함이 오히려 젊은 창작자들에게는 새로운 도전과 실험의 매력적인 무대가 되었다. 에스팩토리뿐 아니라 대림창고, 언더스탠드에비뉴, 성수연방 등 다양한 플랫폼들이 지역의 실험적인 문화 공연과 창업 생태계를 이끄는 허브가 되었다. 특히 현대적 도시 개발에서 낙후의 상징이었던 공장과 폐창고 위주의 건물 구조는 아이러니하게도 창의적인 축제와 전시, 실험적 이벤트를 펼치는 데 최적의 장소로 변모했다. 낡고 투박한 외관이 오히려 독특한 분위기를 연출하며 성수를 독창적이고 활기찬 문화 예술의 중심지로 거듭나게 한 것이다.

성수가 홍대와 달랐던 점은 바로 상권의 밀도가 촘촘하고 넓은 공간과 특유의 산업적 감성을 활용해 창작자들이 보다 더 독창적이고 실험적인 아이디어를 마음껏 펼칠 수 있는 환경을 제공했다는 점이다. 버스킹이나 소규모 공연 등 개인적이고 아기자기한 콘텐츠가 홍대의 강점이라면, 성수는 독특한 공간적 특성을 활용해 대규모 축제와 전시, 팝업스토어와 같은 규모가 크고 임팩트 있는 이벤트가 주를 이룬다. 자유롭게 시도할 수 있는 플랫폼, 플랫폼에 대한 응집 단위가 차별화된 콘텐츠로서 유니크함을 띠게 된 것이다.

여기에 소셜 임팩트 분야의 소셜벤처 기업들이 본격적으로 들어서면서 더욱 속도를 얻었다. '소셜벤처'란 혁신적인 기술이나 비즈니스 모델을 통해 사회적 가치와 경제적 가치를 동시에 창출하는 기업을 말한다. 기업 스스로의 영리 활동에만 머물지 않고 지역, 사회, 공공기관, 공간 등과 함께 집합적인 임팩트를 만들어간다는 특징을 띤다. 성수동의 소셜벤처들은 단순한 경제적 이윤 추구를 넘어 사람들의 목적의식을 연결하고 함께 향유하는 문화를 조성함으로써, 지역과 사회가 직면한 문제들을 창의적이고 지속가능한 방식으로 해결해 나갔다. 2017년 루트임팩트가 커뮤니티 오피스 '헤이그라운드'를 열어 현재 약 100여 개의 기업과 1,200여 명의 혁신가들이 모이는 허브로 키워냈으며, 임팩트스퀘어, 크레비스파트너스, 소풍벤처스 같은 투자사들도 성수에 둥지를 틀며 사회적 가치를 추구하는 기업들을 활발히 지원했다.

여기에 2011년 설립된 한국 최초의 사회혁신 전문기관인 엠와이소셜컴퍼니 역시 성수동에서 빼놓을 수 없는 존재이다. MYSC는 다양한 대기업, 공공기관, 스타트업, 지역 간의 연결고리 역할을 하는 집합적 임팩트라는 개념을 실현하며 아시아 최대 규모의 임팩트 투자사 중 하나로 성장했다.

성수동은 현재 전국에서 가장 많은 소셜벤처가 밀집한 도시로, 문화적 플랫폼과 소셜 임팩트가 결합되어 강력한 시너지를 만들어내고 있다. 창작과 혁신이 사회적 가치와 만나며 더욱 풍성한 콘텐츠와 지속가능한 도시 문화를 형성하고 있다.

성수동의 발전을 논할 때 성수동이 속한 성동구를 빼놓을 수 없다. 성동구는 지역 성장의 핵심을 이곳에서 활동하는 개인과 기업, 그리고 공공기관의 유기적인 연대로 설정했다. 정원오 구청장을 필두로 성동구와 성동문화재단(이사장 윤광식), 지역 기업 간의 활발한 소통을 촉진하며, 다양한 친기업 조례를 제정해 창의적이고 도전적인 시도가 가능한 환경을 진심으로 만들어왔다. 일반적인 도시에서는 공공 담당자의 얼굴조차 알기 힘든 반면, 성동구에서는 공무원 한 사람 한 사람을 지역 주민들이 잘 알 만큼 세심한 관계망을 형성하며, 행정 조직보다는 개별 맞춤 지원을 제공하는 유연한 지원 조직으로 기능하고 있다. 이러한 성동구의 적극적인 노력 덕분에 필자 역시 성수에서 많은 지원과 혜택을 누리고 있다.

이러한 노력의 결과로 성수동은 첨단기술, 로봇, 패션, 문화예술 등 다양한 분야의 회사들이 어우러진 소셜벤처의 메카이자 사회적 경제 친화 도시로 인정받게 되었고, 최근에는 다양한 대형 기업들도 경쟁적으로 몰려드는 플랫폼이 되었다. 성수동의 변화는 단지 산업적 재생이 아니라 지역 커뮤니티와 사회적 가치, 그리고 창의적인 예술문화가 결합된 새로운 도시 모델의 탄생을 의미한다. 오랜 제조업의 뿌리 위에서 피어난 이 새로운 흐름은 이제 성수동의 정체성으로 자리 잡고 있다.

그래서 성수동의 가장 주목할 지점은 '소비' 도시로서의 경쟁력이 아닌, 성수에서 도전하고 혁신하는 기업들의 '경험의 클러스터'라는 점이다. 팝업스토어뿐 아니라, 리얼월드 성수를 비롯해 다양한 이색 체험 공간들, 실내 암벽등반장, 도슨트형 전시, 수제 공방, 라이브 음악, 그리고 다양한 드라마 영화, 그리고 예능이 가장 먼저 소개되고 체험의 방식으로 시도되는 곳이 되었다.

이런 배경으로 성수는 다양한 예술가들과 기업가들, 사회혁신가들의 놀이터가 되었다. 덕분에 성수에는 다양한 액티비티가 곳곳에 즐비하다. 가족 단위 방문객은 체험형 콘텐츠에, 연인과 친구들은 포토존과 커스터마이징 공간에, 창작자나 기획자들은 브랜드의 실험

성수는 도시 규모의 테마파크를 실현해낸 공간이 되었다. (출처:크리에이티브X성수)

적 스토어에 열광하며 각각의 목적과 정체성에 따라 공간을 즐긴다. 단순히 쇼핑하러 오는 공간이 아니라, 일상 속에서 몰입형 콘텐츠를 '체험하러 오는 장소'가 된 것이다. 성수의 소비는 오프라인 공간의 새로운 방식이다. 브랜드 철학, 분위기, 비주얼, 커뮤니티의 감각을 하나로 구성하는 '오감의 공간'들이 사람들을 불러 모은다.

디지털 시대의 브랜드는 상품보다 경험을 판다. 성수는 그 이야기를 가장 잘 펼칠 수 있는 무대로 작동하고 있다. 성수를 걷는다는 것은 어떤 목적지만을 위한 것이 아니다. 일정한 루트 없이도 재미있다. 우연히 만나는 전시, 지나치다 들어간 팝업, 의도치 않게 찍게 되는 사진. 이 모든 것들이 성수라는 공간을 '관광지'가 아닌 '놀이공간'으로 만든다.

성수는 이제 도시의 새로운 역할 모델이다. 거대 자본의 일방향 콘텐츠가 아닌, 크고 작은 창작 주체들이 실험하고 연결되며 서로를 비추는 방식으로 도시를 재구성하고 있다. 사람들은 매번 새로운 무언가를 기대하며 찾아오고, 그 기대는 도시 전체의 문화적 활력을 지속시키는 연료가 된다.

성수는 도시라는 플랫폼에서 가장 유연하게 '테마파크화'를 실현해낸 공간이다. 앞으로의 도시는 성수처럼 콘텐츠를 품고, 사람과 취향이 유기적으로 엮이며, 물리적 한계를 넘어서 감각적 경험의 가능성을 확장하는 공간으로 변화해야 할 것이다.

오늘날 도시는 콘텐츠 플랫폼이며,
피지털의 물결로 오프라인 공간에
스토리와 다양한 인터랙션 기술이 더해지며
참여와 놀이의 공간이 되었다.

도시, 세상에서 가장 거대한 테마파크가 되다!

2천만 명이 즐기는
보물찾기 축제가
펼쳐지다

2000년 5월, 미국은 군사용으로만 허용되던 GPS의 '선별적 접근 Selective Availability, SA'이라는 기능 제약을 공식 해제했다. 이로 인해 민간에서도 정밀한 위치 정보를 활용할 수 있게 되었고, 기존 100미터 수준이던 오차 범위는 2~3미터로 대폭 줄어들었다. 이 역사적인 순간은 '블루 스위치 데이Blue Switch Day'로 불리며 GPS 대중화를 통한 다양한 산업 촉발의 신호탄이 되었다. 하지만 그 누구도 이 기술 변화가 전 세계 수천 만 명이 즐기는 글로벌 놀이의 시발점이 되리라고는 예상하지 못했다.

SA 해제 바로 다음 날인 2000년 5월 3일, 개발자이자 얼리 어댑터를 자칭하는 '데이브 울머'라는 사람은 새 GPS 정보가 얼마나 정밀해졌는지를 간단하게, 진짜 재미 삼아 확인해보고 싶었다. 어떤 대상의 위치를 좌푯값만으로 찾아낼 수 있는지 궁금했다. 오차 범위 100미터와 2~3미터는 차원이 다르니까. 뭘로 해볼까 고민하던 중 마침 조그만 플라스틱 통 하나가 눈에 들어왔다. 데이브는 이 통을 집어 오리건의 어느 숲속에 숨기고 좌표를 기록한 다음, 인터넷 초기 커뮤니티 플랫폼이라 할 수 있는 뉴스그룹에 글을 올렸다. '내가 여기 이런 것을 숨겼으니 가서 한번 찾아보슈' 하고 말이다. 그런데 그저 재미로 했던 작은 행동이 사람들의 마음속 깊은 곳에 잠들어 있던 모험심을 일깨웠다. 어렸을 적 했던 보물찾기의 향수를 자극한 것이다.

불과 3일 만에 두 사람이 데이브가 숨긴 플라스틱 통을 찾았다고 인증 글을 올렸다. 이를 본 소수의 사람들도 곧바로 따라 하기 시작했다. 자신의 눈에 띄는 '보물'을 인근 숲에 들고 가서 숨긴 다음 GPS 좌표를 공유하는 사람들이 생겨났고, 삽시간에 찾았다며 기뻐하는 글이 올라왔다. 갑자기 해당 뉴스그룹은 GPS를 활용한 보물찾기 놀이를 즐기며 실시간으로 소통하는 놀이터 커뮤니티로 변모했다.

사실 이때만 해도 소위 기술 너드끼리의 유희였고, 그 이름도 'GPS Stash Hunt'로 명명할 정도였다(stash는 '숨기다', '범죄를 은폐하다'는 뜻이다). 그런데 이내 점점 더 많은 사람들이 즐기기 시작하면서 부정적인 뉘앙스를 품은 용어 대신 'Geo(지리, 땅)'와 'Cache(보물 등을 숨기다)'를 합친 'Geocaching'이라는 단어를 채택하기에 이르렀다.

이름이 바뀌자 분위기도 달라졌다. 단순한 장난 같던 활동은 가족이 함께 즐길 수 있는 건전한 야외 놀이로 이미지가 전환됐다. 사람들은 최초의 캐시 소유주가 그랬던 것처럼 눈에 띄는 연필, 책, 병뚜껑, 새총, 장난감은 물론 비디오테이프나 소프트웨어 CD를 넣기도 했고, 또 다른 보물의 위치가 숨겨진 보물지도를 넣는가 하면, 방탈출 게임 키트로 문제를 풀어야 열리는 상자를 숨기기도 했다. 특이한 캐시가 발견되면 될수록 사람들은 더욱더 신나게 떠들었고, 이에 고무된 이들은 보다 더 재미있고 참신한 보물을 숨기기 시작했다.

참여하는 사람들이 많아지자 이를 지속가능한 놀이 문화로 만들기 위한 규칙이 제정되었다. 보물, 즉 캐시를 누군가 찾아서 가져가버리면 다른 사람은 그 즐거움을 누릴 수가 없기 때문에 '찾은 사람은 뭔가를 남기고 가져갈 수 있다'는 교환의 원칙이 생겨났고, 이것이 지오캐싱만의 문화로 자리 잡았다. 즉 보물의 개수는 점점 많아지지만 보물의 내용은 계속해서 바뀔 수 있는 흥미로움을 제공한다. 여기에 보물에 '로그시트log sheet'라는 방명록을 마련하는 것도 또 하나의 규칙으로 자리잡았다. 몇 월 며칠 누가 왔다 갔다는 기록을 나열하는 것이다. 별것 아닌 것 같지만 보물을 숨긴 사람도, 찾은 사람도 "이걸 같이하고 있네!" 하는 짜릿한 연대감을 자아내는 의식이었다.

보물을 찾은 참가자는 물건을 가져가는 대신 기록지와 앱에 방명록을 써서 인증한다.
(출처: Geocaching)

지오캐싱은 입소문을 타고 빠르게 번졌다. 2001년, 과학 전문 잡지 〈파퓰러 사이언스Popular Science〉가 이를 '미래형 레저'로 소개하자 대중의 관심은 폭발적으로 증가했다. CNN, BBC 같은 글로벌 미디어들도 잇따라 이 현상을 보도하기 시작했고, GPS 기기 제조사 역시 지오캐싱을 공식 지원하며 참여 장벽은 더욱 낮아졌다(이때만 해도 스마트폰이 나오기 전이었기에 GPS 기기의 인기가 대단했다).

그러던 중 2001년 9.11 테러가 발생했다. 전 세계를 충격에 빠뜨리는 참사가 벌어지자 미국 정부는 GPS 기반 게임을 금지시키려는 움직임을 보였는데, 지오캐싱도 그 대상이었다. 이미 지오캐싱의 보물이 도심 곳곳에 촘촘하게 숨겨져 있던 터라 그 속에 폭탄이나 무기를 숨길 수도 있다고 의심했기 때문이었다. 그런데 여기서 웃지 못할 해프닝이 벌어졌다. 경찰이 지역 곳곳에 있는 캐시를 찾아 나서며 회수를 하는 상황이 각종 언론과 커뮤니티에 공유가 되었는데, "경찰도 지오캐싱 보물찾기 하는 거 아니야?", "즐기고 있는 것 같은데?"와 같은 반응들이 쏟아졌다. 즉 정부와 언론, 대중의 관심을 한 몸에 받으면서 이 사건은 오히려 사람들에게 지오캐싱이라는 새로운 놀이의 존재를 각인시키는 기폭제가 되었고, 이후 미국 정부가 위기 대응 단계를 낮추면서 지오캐싱은 한층 정밀하고 몰입감 있는 놀이로 진화했다. 더 나아가 유럽, 아시아, 오세아니아로 급속히 확산되며 글로벌

레저 문화로 자리 잡는 계기가 되었다.

    2024년 10월 기준, 전 세계 191개국에 500만 개 이상의 캐시가 숨겨져 있으며, 2천만 명 이상의 활동적인 지오캐셔들이 이 게임을 즐기고 있다. 서울에도 2천 개가 넘는 캐시가 숨겨져 있다. 필자도 서울숲에 캐시를 잔뜩 숨겨두기도 했다. 작은 장난감용 플라스틱 통에 로그 시트와 함께 넣어두었는데 산책할 때마다 한 번씩 꺼내 보는 재미가 쏠쏠했다. 몇 월 며칠 누가 왔다 갔는지 알 수 있고, 가끔은 외국인도 있었다. 신기하게도 어느 날은 비타민C 가 들어 있다가 어느 날은 천 원짜리 지폐로 바뀌어 있었고 어느 날은 장난감이 들어 있기도 했다. 이는 해본 사람만이 느끼는 엄청난 희열을 가져다주었다.

2025년 7월 기준, 개최 예정인 지오캐싱 이벤트만 6천 개에 달한다. (출처:Gecocaching)

    2022년 기준으로 연간 약 8,400만 건의 캐시 발견 기록이 게시될 정도로 여전히 활발한 활동이 이루어지고 있다. 캐시는 남극 대륙에까지 숨겨져 있는데, 가장 많이 발견된 캐시 두 개는 모두 체코 프라하의 인기 관광지에 있다.

심지어 코로나 팬데믹이라는 전대미문의 상황 속에서도 지오캐싱은 오히려 불이 붙었다. 실내 활동이 제한되고 사람들 간의 거리가 요구되던 시기, 자연 속에서 혼자 또는 가족 단위로 즐길 수 있는 이 야외형 게임은 또다시 주목을 받았다. 공식 앱에서는 '코로나 대응 캐싱 가이드라인'을 발표했고, 사람들은 마스크를 쓰고 거리두기를 유지하며 조용히, 하지만 꾸준히 캐시를 찾아 나섰다. 전 세계적으로는 팬데믹 기간 동안 1천만 건 이상의 캐시 로그가 기록되었고, 많은 이들이 '격리의 답답함을 지오캐싱으로 해소했다'고 회고했다. GPS의 기능을 확인해보려고 시도했던 작은 실험 하나가 전 지구적 팬데믹 속에서도 살아남아 더 큰 문화로 확장된 것이다.

그리고 이 문화는 더욱 공명하기 시작했다. 사람들은 지오캐싱을 활용한 보물찾기 놀이를 개최하며 한데 모여들었다. 각자 자유롭게 찾아다니는 개별화된 놀이에서 함께 즐기는 대규모 행사를 도모하기 시작한 것이었다. 2003년 미국 켄터키주 루이빌에서 첫 'GeoWoodstock' 행사가 열리자 300여 명의 지오캐셔들이 자비를 들여 현장에 모였고, 자신이 찾은 가장 인상적인 캐시를 공유하거나 새로운 미션을 제안하며 커뮤니티가 현실 공간 속에서 실체를 갖기 시작했다. 이 작은 모임은 이후 매년 열리며 '놀이'가 '문화'로, 그리고 '문화'가 '축제'로 진화하는 과정을 이끌었다. 처음 데이브 울머가 뉴스그룹에서 "보물 찾아볼래?" 하고 제안했을 때의 밈처럼, 이제는 보물찾기 이벤트 역시 전 세계 곳곳에서 정기적으로 개최되기에 이르렀고 그 수는 기하급수적으로 증가했다. geocaching.com 공식 통계에 따르면, 현재 1년 동안 전 세계에서 열리는 지오캐싱 이벤트는 약 25만 건에 달하는데, 하루 평균 685건 이상, 매시간 28건 이상의 이벤트가 지구 어딘가에서 동시에 벌어지고 있는 셈이다. 이처럼 지구 최강의 도심 커뮤니티 놀이로 성장한 지오캐싱은 실시간으로 전 세계를 연결하는 살아 있는 문화 네트워크를 만들었고 도시라는 플랫폼을 거대한 게임의 무대로 변모시켰다.

그리고 지오캐싱은 또 한 번 많아지면 달라지는 순간을 지나고 있다. 사람들은 '인터내셔널 지오캐싱 데이 International Geocaching Day'를 만들기에 이른다. 매년 8월 지오캐싱 데이가 되면 전 세계 곳곳에서 수십만 명이 동시다발적으로 지오캐싱에 참여한다. 이날은 지오캐싱을 처음 시작한 이들에게 '첫 발견'의 추억을 선사받는 날로 여겨진다. 규모도 진화하고 있다. 독일, 미국, 체코, 호주 등에서는 천 명 단위로 참가하는 메가Mega 이벤트가 열리고, 수만 명 단위인 기가Giga

이벤트도 열린다. 22년 6월 18일, 독일 라이프치히에서 열린 'Project Giga'는 단일 지오캐싱 이벤트로 3만 명이 넘는 참가자를 기록하며 지오캐싱이 진정한 글로벌 축제로 자리잡았음을 입증했다.

수백 명에서 수천 명 규모의 지오캐싱 이벤트 현장. (출처:Geocaching)

지오캐싱은 문화 교류와 여행, 심지어 지역 경제 활성화에도 큰 영향을 미치고 있다. 지오캐셔들을 찾아다니며 그들의 여정과 캐시를 기록하는 것을 전문으로 하는 블로거들도 등장했다. 이들은 각국의 캐셔를 인터뷰하고, 독특한 캐시를 소개하며, 새로운 테마나 트렌드를 기록하는 일종의 지오캐싱 저널리스트로 활동하고 있다. 이들의 콘텐츠는 유튜브, 인스타그램, 블로그를 통해 전 세계 커뮤니티로 확산되며 또 다른 참여를 유도하는 기폭제가 되고 있다. 각국의 캐셔들은 자신만의 전통과 테마, 언어와 유머를 담은 캐시를 선보이고, 참가자들은 각기 다른 문화와 환경 속에서 색다른 탐험을 즐긴다.

지오캐싱뿐 아니라, 이제는 글로벌 곳곳에 다양한 위치기반 보물찾기 콘텐츠들이 등장하고 있다. 국내에서는 필자가 운영하는 리얼월드의 '리얼트레저RealTreasure'가 대표적인 예다. 전국 50개 이상의 지역에서 서비스를 제공하는 리얼트레저는 1만 명이 넘는 인원이 플레이하는 대형 도시 이벤트로 확장하며 기네스북 세계기록을 달성하기도 하였다. 싱가포르에서는 '스퀴키Sqkii'가 주목받고 있다. 스퀴키는 실제 현금 보물을 도시 전역에 숨기고 실루엣 단서와 AR 힌트를 통해 이를 찾아내는 형태로, 도심을 통째로 보물지도로 만들며 '포켓몬고' 열풍에 비견되는 대형 캠페인을 벌였다. 일본에서는 '도쿄 캐시헌트', 유럽에서는 '먼지Munzee'와 '레터박싱Letterboxing' 같은 위치기반 놀이가 각국의 특색을 담아 운영되고 있으며, 이를 교육형 콘텐츠로까지 확장해 학교나 박물관과 연계한 형태도 선보이고 있다.

이처럼 지오캐싱을 기점으로 전 세계적으로 다양한 지역 콘텐츠와 커뮤니티가 자생적으로 확대되고 있으며, 기술과 놀이, 지역 문화가 결합된 새로운 형태의 공간 기반 경험이 확산되고 있다.

**버려진 도심**이
세계 최대 규모
집객으로
**기네스북**에
**등재**되다

경기도청 옛 청사 현장.

경기도 수원시 팔달구에 있던 경기도청 옛 청사는 과거 수많은 민원인과 공무원, 방문객으로 하루 종일 붐볐고, 그 주변에는 점심시간마다 줄을 서야 했던 식당과 카페들이 즐비했다. 관공서를 중심으로 한 상권은 안정적이고 활기가 넘쳤으며, '도청 앞'은 약속 장소의 대명사처럼 여겨졌다. 그러나 경기도청 청사가 광교로 이전하자 이곳은 그야말로 하루아침에 버려졌다. 몇 년 동안 방치되었고 연관 검색어는 부정적인 것들로 가득 찼다. 물론 분위기를 바꾸려는 시도가 없었던 것은 아니다. 소규모 플리마켓이나 지역 전시, 여러 공연 등이 간헐적으로 열렸지만 그때뿐이었고, 인근 팔달산에서 벚꽃축제가 열릴 때 잠깐 반짝하는 정도였다. 관계자들이 사람을 동원해 여는 이벤트에 가깝다는 평가까지 받았다. 무엇을 하든 사람들이 발걸음을 멈출 만큼 흥미를 끌지 못했고 시간이 지날수록 정체된 공기만이 남았다. 공동화(空洞化)된 이 지역은 이러지도 저러지도 못하는 부담스러운 존재처럼 여겨지곤 했다.

그러나 필자는 다른 시선으로 그곳을 바라보았다. 낡고 방치된 그곳이 1만 평 넘는 거대한 놀이터로 변모해 전 세대가 즐길 수 있는 최고의 장소가 될 수 있다고 생각했다. 사람들이 찾지 않는 곳이기에 반대로 무엇이든 시도할 수 있는 곳이기도 한 셈이다. 다행히도 김동연 경기도지사가 취임 후 경기도의 사회혁신 대상 공간을 소셜테마파크로 구성해 새로운 시도들을 자유롭게 추구할 수 있도록 하는 청사진을 밝혔고, 사회혁신경제과를 통해 전향적인 시도를 도모할 기회를 가지게 되었다. 필자는 1967년에 조성된 옛 청사 현장이 60여 년의 시간 흐름을 간직한 곳으로, 이곳에서 어린이부터 장년층까지 모두의 추억이 어우러지는 경험이 펼쳐져야 한다고 생각했다. 모두가 다시금 어린이로 돌아가 신나게 뛰어놀고 협동하며 이야기꽃을 피울 수 있는 놀이터로 말이다.

낙후되어 소멸할 위기에 처한 지역을 어떤 콘텐츠로 되살릴 수 있을까? 놀랍게도 그 대답은 앞서 소개했던 글로벌 지오캐싱에서 힌트를 찾을 수 있었다. 지금 이 순간에도 전 세계 수천만 명의 사람들이 즐기고 있는 지구 최강의 오프라인 기반 놀이. 그것은 바로 보물찾기였다. 대신 찾으면 사라지는 1회성 보물찾기 놀이가 아니라, 각종 스마트 실감기술을 접목한 피지털 기반의 지속가능한 보물찾기. 이 놀이가 전통적 놀이의 향수를 자극하면서 최신 기술과 결합해 세대를 아우르는 새로운 놀이 문화로 자리 잡을 수 있을 것이라 기대했다.

어렸을 적 학교 소풍이나 가족 나들이에서 친구들과 때로는 부모님과 곳곳에 숨겨진 쪽지를 찾기 위해 숨이 넘어가도록 뛰어다녔던 기억을 떠올렸다. 필자는 물론 부모 세대에게도, 심지어 지금 젊은 세대에게도 보물찾기는 시대를 관통하는 공동체적 기억이었고, 그야말로 강한 연대와 환대를 느낄 수 있는 놀이였다. 바로 직원들과 아이디어를 공유했고 젊은 세대들 역시 마찬가지로 반응해주었다.

곧바로 경기도 사회혁신경제과에 혁신적인 방식의 대규모 보물찾기 캠페인을 제안했다. 찾으면 사라지는 쪽지형 보물찾기 대신, 증강현실, QR, NFC를 포함한 다양한 실감기술을 접목해 지속가능한 디지털 보물찾기 방식으로 말이다. 이를테면 '포켓몬고'의 보물찾기 버전이라고 할 수 있을 것 같다. 물론 '재미있긴 할 것 같은데 과연 사람들이 많이 올까?', '활기를 잃어버린 지역에 유의미한 변화를 가져올 수 있을까?'라는 의구심도 지울 수는 없었다. 그럼에도 해보기 전에는 알 수 없는 일이니 이왕 할 거면 크게 질러보자 싶었다.

마침내 2023년 가을, 세계 최대 규모의 보물찾기 이벤트 '리얼트 레저 페스티벌'을 공개했다. 사람들이 얼마나 올지 가늠하기가 어려워 사전 접수를 받아서 수요를 확인해보기로 했다. 결과는 그야말로 충격적이었다. 런칭 페이지를 공개한 지 이틀 만에 5천 명이 넘는 사람들의 신청이 몰리며 접수를 조기 마감해야 했다. 5천 명이라면 팔달산 일대에서 매년 열리는 벚꽃 축제에 모여드는 하루 방문자 수에 육박한다. 덜컥 겁이 났다. 그냥 걸어 다니게만 해도 관리가 쉽지 않을 텐데, 보물찾기라는 놀이는 엄청난 에너지로 뭉친 사람들이 쉴 틈 없이 움직이는 활동이다. 이 수천 명의 동선을 통제하면서, 동시에 모든 참여자가 각자의 리워드를 무리 없이 획득하도록 실시간으로 그 수요를 감당하는 것이 과연 가능할까?

전 세계 사례를 살펴봐도 한 공간에서 열린 이런 대규모의 보물찾기 이벤트는 찾기 어려웠다. 유사한 체험형 이벤트는 있었지만 대부분 소규모로 제한적이었고 개발적이었다. 유니크한 사례가 되겠다 싶은 생각도 들었지만, 기쁨보다 먼저 다가온 감정은 압도감이었다. 실패하면 어쩌지? 혹여 혼란이 생기면 어떡하지? 참가자들이 실망한다면? 지역 상권 활성화에 제대로 기여할 수 있을까? 설렘과 불안이 교차하며 잠을 이루지 못했다. 실제 시스템을 개발하고 운영을 총괄해야 할 멤버들 역시 그야말로 패닉 상태였다. 하지만 이미 저질러진

일, 어쩌겠는가? 어차피 시작된 일이라면 어디까지 해볼 수 있는지 한번 달려보자고 마음을 굳게 먹었다.

그렇게 2023년 11월, 경기도청 옛 청사에서 세계 최대 규모의 보물찾기 이벤트가 개최되었다. 하필이면 그날 기온이 영하로 떨어지며 갑작스러운 한파가 몰아닥치는 바람에 행사를 개최하는 것이 가능할까 하는 우려가 엄습했다. 하지만 기우였다. 수천 명의 사람들이 보물찾기를 즐기기 위해 전국에서, 심지어 해외에서까지 찾아왔다. 행사 전날 인근 숙박업소에서 묵은 다음 참가한 사람도 다수였고, 상가는 모처럼 그 어느 때보다도 활기를 띠었다. 옛 청사의 광활한 잔디밭이 이렇게 작았나 싶을 정도로 인파는 대단했다.

게임 시작 전에 웃지 못할 해프닝이 생기기도 했다. 개발 시스템이 1만 명이 넘는 동시접속을 견디게끔 다양한 테스트를 수행했으나, 실제 환경에서는 예상치를 웃도는 트래픽이 몰리는 바람에 먹통이 된 것이다. 그때의 스트레스는 상상을 초월할 정도였다. 어찌어찌 해결이 되어 이내 게임이 시작되었고 엄청난 수의 사람들이 스마트폰을 들고 흩어지기 시작했다. 누군가는 낯선 건물의 벽면을 샅샅이 살피고, 누군가는 계단을 오르내리며 구석구석을 뒤졌다. 팔달산 일대의 드넓은 공간은 마치 한 편의 대형 RPG 게임의 필드처럼 변모했다. 참가자들은 QR코드를 스캔하고 NFC 태그를 터치하며 숨겨진 단서를 찾아 이리저리 달렸다. 잔디밭에는 앉아서 단서를 분석하는 팀이 있었고, 누군가는 무전기처럼 스마트폰을 귀에 댄 채 다른 팀원과 실시간으로 전략을 주고받았다. 곳곳에서 "찾았다!" 하는 외침이 터져 나왔고 업적 달성에 따른 리워드에 또 다른 환호성도 들리자, 다른 참가자들도 덩달아 긴장하며 발걸음을 재촉했다.

경기도청 옛 청사와 팔달산 일대가 보물찾기의 성지로 탈바꿈했다.

행사장은 흥분과 열기로 가득했고, 사람들의 얼굴에는 경쟁과 협동, 몰입과 즐거움이 뒤섞인 표정이 떠올라 있었다. 어린아이부터 어르신까지 각자의 속도와 방식으로 임무를 수행했고, 그렇게 도시 전체가 하나의 거대한 보물섬이 되어가고 있었다.

재미있는 장면들도 곳곳에서 펼쳐졌다. 평소 산책과 산행으로 단련된 장년층 참가자들은 축지법을 쓰듯 뛰어다니며 단서를 발견하고 리워드를 차지해나갔다. NFC를 스캔하고 주변 참가자들과 힌트를 교환하며 진정한 '보물사냥꾼'의 면모를 보여주었고, 심지어 호탕한 웃음과 함께 "요즘 애들 체력이 왜 이래?"라며 약 올리기까지 했다. 반면 젊은 참가자들 사이에서는 금세 지쳐 그늘 아래 앉아 숨을 고르며 체력을 탓하는 모습도 볼 수 있었다. 예상치 못한 전세 역전에 다들 폭소를 터뜨렸고, 그 순간만큼은 나이나 직업에 관계없이 일상의 무게를 모두 내려놓은 채 한 가지 목표에 몰입한 사람들만이 남아 있었다.

그렇게 낡고 방치되어 못 쓰겠다고 여겨졌던 이 일대 공간은 가슴 터질 듯한 모험과 도전의 무대로 변모했다. 게임이라는 형식을 통해 세대 간 장벽이 무너지고, 공통의 목표를 향해 함께 걷는 그 모습이야말로 도시가 만들어낸 가장 아름다운 장면이었다.

참가자들에게 지급한 바우처와 할인 쿠폰이 당일 모두 소진될 정도로 많은 사람들이 갑작스레 몰려든 덕에 상가는 즐거운 비명을 질렀다. 상인연합회 회장은 "도청 시절을 포함해서 지금까지 가장 많은 사람들이 찾아와서 정말 좋았다. 이런 프로그램을 계속했으면 좋겠다"라고 말하며 기쁨을 감추지 못했다. 보물찾기는 그 자체로 도시가

품을 수 있는 '다세대 커뮤니티 놀이'의 이상적인 모델이었다.

세계 최대 규모 집객 이벤트로 기네스북 기록에 등재되었다.

이 행사는 또 하나의 놀라운 사건을 만들어냈다. 리얼트레저 페스티벌이 세계에서 가장 많은 사람이 동시에 참여한 집객 이벤트로 기네스북 세계기록에 등재되는 쾌거를 이루어낸 것이다. 이는 대한민국 지자체 역사상 최초의 기네스북 기록이었다. 가장 외면받았다 생각되던 곳이 가장 멋진 놀이터이자 테마파크로 자리매김하는 순간이었다. 동시에 쓰임새를 잃은 공동화 지역이 기네스북에 등재될 정도로 놀라운 모험 플랫폼으로서 기능할 수 있음을 보여준 것이다.

온라인 게임을 생각해보면 공성전 등 집단 게임을 한다 하더라도 한 번에 참여할 수 있는 인원은 100명 남짓이다. 하지만 옛 경기도청에서 펼쳐진 이 행사는 그 수십 배가 되는 사람들이 자연 속에서 내가 좋아하는 사람과 함께 거닐고 뛰어다니는 경험을 만끽했다. 뿐만 아니라 지역 상권을 방문해 소비함으로써 상인들이 기뻐하는 모습을 보는 것은 보람과 뿌듯함을 느끼게 했다.

리얼트레저 페스티벌은 이후에도 더 많은 인원이 계속 참여하며 지역을 대표하는 이벤트가 되었다.

필자는 이 행사가 조금 더 넓은 공간에서도 가능할지 실험해보았다. 2024년 국가보훈부와 함께 전국 48개 도시의 보훈 공간을 방문하는 '내셔널트레저'라는 프로그램을 수립했다. 평소 사람들로부터 외면받는 전국의 보훈 장소를 한 군데라도 방문하게 만들어보고자, 역시 단일 이벤트로는 세계 최대 규모의 캠페인을 다시 시작했다. 행사는 해당 기간 동안 무려 12만 명이 넘는 사람들이 참여하며 대흥행을 이루었다. 한 군데 방문만으로도 의미가 있다 할 수 있는데, 한 달 만에 100개가 넘는 팀이 48개 도시를 전부 방문하는 믿을 수 없는 일이 벌어지기도 했다. 내셔널트레저의 주인공이 되어 역사적인 장소에 숨겨진 보물을 찾아 나서는 것, 상상만 하던 일이 과연 현실로 가능할까 하는 의구심을 "BIG YES!"로써 증명한 것이다.

이쯤 되자 더 엉뚱한 상상도 시도해보고 싶어졌다. 테마파크에서 해보면 어떨까? 사람들이 없는 새벽 시간에 테마파크를 전세 내고 신나게 놀아보면 재미있겠다 싶은 생각에 곧바로 롯데월드와 야놀자, 그리고 리얼월드가 의기투합했다. 새벽 1시부터 3시까지 '숨바꼭질'이라는 이름의 보물찾기 놀이를 공개했다. 아니나 다를까, 사전 예약 신청을 받자마자 3분 만에 6천 명이 넘게 신청해서 조기마감했고, 이벤트 당일 새벽에도 수많은 참가자들이 모여드는 바람에 통신망, 데이터망이 두절될 정도로 뜨거운 열기를 일으켰다. 당초 보물찾기보다는 사람이 아주 적은 새벽 시간에 테마파크의 놀이기구를 더 많이 타지 않을까 생각하기도 했지만, 예상은 보기 좋게 빗나갔다. 사람들은 점차 가상이 아닌 리얼월드, 즉 현실 공간에서 즐기는 경험의 가능성에 눈을 떴다.

사람들은 이해하기 시작했다. 디지털 기술이란 단지 스크린 속에서만 벌어지는 세계라고 여겼고 현실과는 별개의 가상 활동이라고 생각했다. 하지만 기술은 우리 일상과 분리된 것이 아니라 오히려 우리가 사는 도시 공간을 더욱 풍요롭게 만들고, 그 익숙했던 풍경들을 전혀 새로운 시선으로 바라보게 만들 수 있다는 점을 새롭게 발견했다. 스마트폰이 현실 세계와 연결되어 장소와 상호작용하며, 혼자가 아니라 함께 머리를 맞대어 미션을 수행하며 숨겨진 단서를 찾아내는 체험을 지원함으로써 우리의 일상을, 우리의 도시 경험을 새롭게 인식하게 만드는 것이다. 이전에는 무심코 지나쳤던 골목이, 벽돌 하나하나에 사연이 스민 듯한 오래된 건물이 그 자체로 이야기의 배경이 된다. 도시를 다시 보게 된다. 그리고 그 도시 안에서 놀 수 있다는 사실이 사람들에게 강렬한 인상을 남긴다. 우리가 사는 이 도시가 곧 놀이터인 것이다.

리얼트레저 페스티벌이 남긴 건 단지 세계기록이 아니었다. 사람들은 처음 보는 타인들과 팀을 이뤄 움직였고, 가족들은 손을 잡고 어깨를 나란히 했으며, 누군가는 상대의 소중한 경험을 위해 기꺼이 자신의 업적을 양보했다. 놀이가 만든 연결, 탐험이 만든 몰입, 장소가 만든 감동. 그 모든 것들이 한순간에 일어났다. 우리가 사는 이 도시가 수많은 서사가 겹쳐지는 놀라운 '현장'임을 증명해냈다.

도시는 새로운 경험의 플랫폼이 될 수 있다. 무언가를 팔기 위해 모이는 장소가 아니라, 무언가를 함께 만들어가고 경험하는 장소로서의 도시. 마치 연극처럼, 같은 각본이라도 무대가 다르면 전혀 다른 감정이 되듯, 도시라는 무대는 무한한 변주를 만들어낸다. 도시는 건축물의 밀도나 행정구역의 경계를 넘어선다. 도시는 사람들이 모이고 흩어지고 이야기를 만들고 경험을 쌓는 장이다. 그렇다면 우리는 도시를 어떻게 쓸 것인가? 도시 전체를 플레이그라운드로 삼을 때, 우리의 일상은 모험이 된다. 그리하여 도시는 가장 재밌는 게임의 무대가 된다.

# 콘텐츠가
## 공간을 규정할 때
### 혁신이 시작된다

우리는 오랫동안 공간이 콘텐츠를 규정하는 시대를 살아왔다. 박물관에 가면 전시물의 관람 순서에 따라 움직이고, 공연장에서는 정해진 좌석에서 공연을 관람한다. 유명한 관광지에 가면 길게 줄을 서서 기다리는 경험이 일상적이며, 커피숍에 가면 자연스럽게 커피를 주문하고 자리에 앉는다. 공간은 기능을 갖고 있었고, 그 기능에 따라 콘텐츠가 정해졌다. 전시관이나 박물관, 쇼룸 등 물리적 공간 기반의 콘텐츠 경험은 그 공간 자체가 콘텐츠를 결정짓는 형태였고, 사람들은 정해진 방식대로 움직이는 것이 당연하다고 여겼다.

하지만 디지털 시대의 도래는 이러한 공간과 콘텐츠의 관계를 근본적으로 바꾸어놓았다. 거실에 앉아 영화를 볼 때 어떤 영화를 보느냐에 따라 공간의 분위기는 완전히 달라진다. 공포 영화를 보면 익숙한 우리 집 거실이 갑자기 낯설고 긴장된 공간으로 변하고, 코미디를 보면 같은 장소가 웃음을 주는 따뜻한 분위기로 바뀐다. 콘텐츠는 공간의 성격을 규정짓고, 감정을 재구성하며, 사용자 중심의 몰입을 유도한다. 우리는 〈오징어 게임〉을 보며 게임 속 플레이어가 되고, 〈이혼숙려캠프〉를 보며 부부 관계와 가족에 대해 사유하고, 〈폭싹 속았수다〉를 보며 몰입의 재미를 느낀다. 하나의 공간에서 수많은 감정적, 서사적 세계가 중첩되어 열리는 것이다.

피지털 시대가 되면서 이제는 물리적인 공간이 콘텐츠에 의해 재정의되고 있다. 같은 면적이라도 어떤 콘텐츠가 채워져 있느냐에 따라 방문자의 체류 시간과 만족도, 기억의 밀도가 달라진다. 이는 물리적 공간이 더 이상 고정된 의미를 갖지 않으며, 콘텐츠가 공간을 규정하는 시대가 도래했음을 뜻한다. 하지만 여전히 많은 물리적 공간, 특히 전시관이나 박물관은 과거의 관행에 머무르고 있다. 하나의 공간에는 하나의 콘텐츠만 들어가야 한다는 전제, 콘텐츠를 바꾸려면 공사를 새로 해야 한다는 사고, 정해진 관람 동선이 있어야 한다는 틀에 갇혀 있다. 그러니 아무리 큐레이션이 훌륭하고 최신 미디어 아트를 들여와도 관람객은 '10초 컷'이라 부를 정도로 빠르게 지나쳐버린다.

공간이 콘텐츠를 규정할 때와 콘텐츠가 공간을 규정할 때 사람들의 행동은 완전히 달라진다(좌:암스테르담 박물관, 우:대전 국립중앙과학관).

한때 신사동 가로수길과 이태원 경리단길은 서울의 대표적인 핫플레이스이자 트렌디한 공간의 상징이었다. 홍익대학교 건축학과 유현준 교수는 당시 이러한 거리의 활기를 '이벤트 밀도'라는 개념으로 설명했다. 이벤트 밀도는 100미터 거리 안에 있는 출입문의 수를 뜻한다. 조사에 따르면 서울의 가로수길과 명동은 100미터당 출입문이 22개로 가장 많았고, 홍대와 강남대로, 테헤란로가 그 뒤를 이었다. 출입문이 많다는 것은 사람들의 움직임이 많고 경험의 가능성이 많다는 것이며, 그 자체로 새로운 자극이 끊임없이 발생하는 도시적 리듬을 만들어낸다. 가로수길을 걷는 것만으로도 새로운 것을 만나는 듯한 흥분이 있었고, 이는 곧 도시의 활력이었다.

하지만 지금 그 거리들은 텅 빈 매장과 임대 현수막으로 가득하다. 경기 침체, 임대료 상승, 젠트리피케이션 등 여러 가지 이유가 복합적으로 작용했겠지만, 그 본질은 콘텐츠의 부족이다. 사람들은 더 이상 그 거리에서 새로운 경험을 하지 못한다. 이미 어디서 본 브랜드, 익숙한 가게들, 특별함 없는 공간 구성은 사람들을 오래 머물게 만들지 못한다. 결국 사람의 발길이 끊기며 거리의 생명력도 쇠퇴해 간다.

반면 콘텐츠가 공간을 규정하는 패러다임은 새로운 활기를 만들어낸다. 성수동, 홍대, 브루클린, 런던의 쇼디치나 화이트채플 같은 곳은 사람들로 가득하다. 같은 골목, 같은 건물이라도 그 안에 담긴 콘텐츠는 계속해서 바뀌고, 방문자는 새로운 이유로 그곳을 찾는다. 중요한 것은 고정된 벽이 아니라 그 벽 안과 너머에서 펼쳐지는 이야기다. 이제 거리의 생명력은 '출입문 수'가 아니라 '콘텐츠 밀도'에 의해 결정된다.

콘텐츠 밀도는 단위 공간 내에 얼마나 다양한 콘텐츠가 존재하며, 그 속에서 방문자가 얼마나 오랜 시간 머물 수 있느냐를 가늠하는 지표다. 다시 말해, 같은 면적이라도 콘텐츠가 얼마나 풍부하게 구성되어 있고, 그것이 사람들에게 어떤 경험의 깊이를 제공하는지가 핵심이다. 이를 수식으로 표현하면 이렇게 정리할 수 있다.

**콘텐츠 밀도 = (단위 공간 내 콘텐츠 수) × (평균 체류 시간)**

동일한 공간이라도 다양한 콘텐츠가 존재하고 그 콘텐츠의 질이 높아 사용자를 몰입하게 한다면 공간은 살아 있는 플랫폼이 될 수 있다. 사람들이 오래 머무르고, 여러 경험을 누리고, 다른 사람들과 감정을 교류하며 새로운 이야기들을 만들어내는 장소. 그것이 바로 콘텐츠 밀도가 높은 공간이다. 단순히 커피를 마시고 나오는 공간이 아니라, 단순히 전시물을 보고 지나치는 공간이 아니라, 그 자체로 시간을 들여 체험하고 싶은 콘텐츠가 있어야 한다. 스토리 기반의 체험형 콘텐츠, 몰입형 전시, 창작 워크숍, 액티비티 등은 반나절 이상을 머물 수 있을 만큼의 질을 제공하며 만족도와 재방문율까지 결정하게 된다.

성수는 다양하고 새로운 즐길 거리로 월 250만 명이 찾는 랜드마크가 되었다.

팝업스토어가 유행처럼 번졌던 이유도 바로 여기에 있다. 고정된 공간 안에 끊임없이 새로운 콘텐츠가 들어오고, 그 안에서 사람들은 새로운 이야기의 주인공이 된다. 같은 장소라도 새로운 브랜드, 새로운 협업, 새로운 체험이 있다면 그 공간은 새로워진다. 이곳에서는 콘텐츠로 눈길을 사로잡지 못하면 제아무리 비용을 들인들 흥행하기 어렵다. 공간이 콘텐츠를 규정하는 것이 아니라, 콘텐츠가 공간을 규정하며 경험을 창조하는 원천이기 때문이다.

필자가 운영하는 '리얼월드 성수'라는 공간은 70평 남짓한 작은 공간임에도 불구하고 연간 15만 명이 넘는 방문객이 찾는다. 별도의 공사 없이 그 안에 계속해서 새로운 몰입형 콘텐츠를 추가하고 4개 국어까지 지원하면서 외국인들도 즐길 수 있다. 영화나 드라마, 예능, K-POP 같은 시청형 IP를 기반으로 하는 체험형 콘텐츠까지 더해져, 같은 장소에서 전혀 다른 이야기를 풍부하게 즐기며 콘텐츠 밀도는 계속해서 높아지고 있다.

이제 공간 설계에서 가장 중요한 질문은 '얼마나 많은 가게를 넣을 수 있는가?'가 아니다. '얼마나 오래 사람들을 머물게 할 수 있는가?', '얼마나 깊은 경험을 제공할 수 있는가?'로 바뀌고 있다. 도시는 가게의 수가 아니라 이야기의 수로 구성되어야 하고, 콘텐츠의 밀도가 도시의 매력을 결정짓는 핵심 지표가 되어야 한다.

따라서 우리는 공간을 단순한 장소로 보아서는 안 된다. 그것은 끊임없이 새로운 콘텐츠를 담아낼 수 있는 그릇이어야 하며, 그 그릇 안에서 사람들은 각자의 서사를 경험하고 감정적으로 연결되어야 한다. 앞으로의 도시 전략은 콘텐츠 밀도 기반의 설계로 이동해야 하며, 이는 곧 경험 중심 경제, 감정 중심 사회로의 전환을 이끄는 힘이 될 것이다.

결론적으로, 공간이 콘텐츠를 규정하던 시대는 끝났다. 이제는 콘텐츠가 공간을 재정의하고, 공간은 콘텐츠에 의해 감정의 플랫폼으로 재탄생한다. 사람들은 단순히 볼거리를 원하는 것이 아니라, 참여하고 체험하며 몰입할 수 있는 세계를 원한다. 그러한 의미에서 콘텐츠 밀도는 이제 도시의 경쟁력, 산업의 생존력, 브랜드의 확장력을 결정짓는 핵심 개념이 된다. 공간의 설계는 곧 콘텐츠의 설계이며, 콘텐츠의 질은 공간의 감정을 결정짓는다. 이야기 없는 공간은 빠르게 잊히지만, 콘텐츠로 재구성된 공간은 오랫동안 살아남는다.

# 복합공간이 지고
# **동시공간**이 온다

"당신은 길을 잃을지도 모릅니다. 하지만 괜찮습니다."

입구부터 수상한 안내가 적힌 뮤지엄이 있다. 이곳은 수천 평의 거대한 공간을 자랑하지만 그 어디에도 지도가 없다. 함께 간 일행과 한 시간 뒤 '중앙 광장에서 만나자'고 약속했다면 이내 그것이 실수였음을 깨닫게 된다. 왜냐하면 이 공간은 고정되어 있지 않기 때문이다. 모든 것이 변하고 경계가 없으며 눈에 익을 만하다 싶으면 어김없이 익숙함은 파괴된다. 방문자를 혼란스럽게 만들지만 동시에 열광하게 만드는 이 공간, 바로 '팀랩teamLab'이라는 이름의 동시공간 뮤지엄이다. 현재 팀랩은 단일 전시관 방문자로 2024년 기네스북 세계기록을 경신할 정도로 엄청난 인파가 몰려들고 있다.

동시공간은 하나의 공간 안에서 시간, 역할, 경험, 감정, 소비가 중첩되어 동시에 일어나는 구조를 뜻한다. 이는 단순히 여러 기능이 존재하는 복합공간과는 다르다. 복합공간이 기능의 병렬적 배열이라면, 동시공간은 그 기능들이 유기적으로 연결되어 하나의 공간처럼 실시간으로 상호작용 하는 체계를 의미한다. 사용자에게는 각각의 요소가 따로 존재하지 않고, 전체가 하나의 흐름처럼 인식된다. 관람객은 카페에 앉아 있으면서도 게임의 주인공일 수 있고, 전시의 일부이자 관찰자이며, 동시에 또 다른 방문자의 체험을 구성하는 변수로 기능한다. 이처럼 동시공간은 고정된 동선이나 역할, 기능 없이 모든 것이 유동적이고 상호의존적인 상태를 지향하는데, 이는 공간이 주인공이 아니라 그곳을 찾는 사람이 주인공으로 설계되기 때문이다.

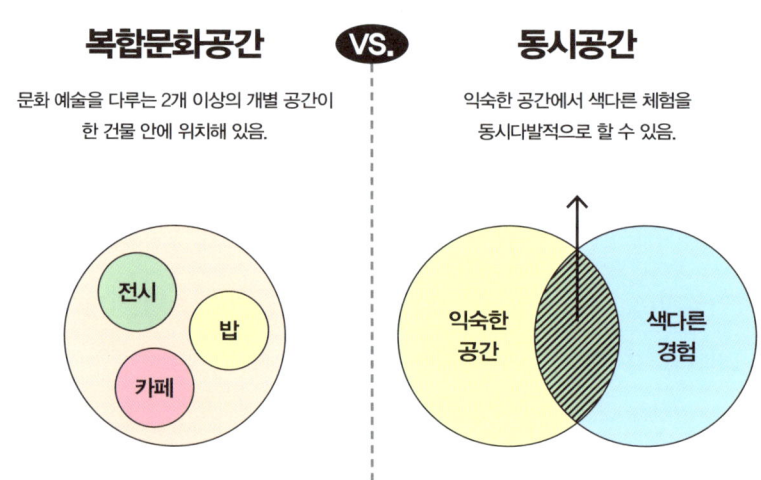

팀랩은 관람을 위한 공간이 아니라 경험 그 자체를 위한 동시공간으로 설계되었다. 2018년 도쿄 도요스에 개관한 '팀랩 플래닛teamLab Planets'은 '몸 전체로 예술 속을 걷는다'는 콘셉트로 관람객을 맞이했다. 맨발로 입장해 실제 물이 흐르는 공간을 지나고 거울과 빛, 향기, 소리, 감촉이 다채롭게 펼쳐지는 방들을 통과한다. 감각의 모든 채널이 동시에 작동하면서 관람자는 몰입을 넘어 예술과의 '융합' 상태에

이르게 된다. 이후 도쿄의 새로운 랜드마크로 주목받는 아자부다이 힐즈에 문을 연 '팀랩 보더리스teamLab Borderless'는 이 개념을 한층 더 극적으로 확장시켰다. 약 2,400평에 이르는 이 전시장은 하나의 거대한 생명체처럼 설계되어 시간과 공간이 끊임없이 변화한다. 이곳의 가장 인상적인 특징은 개별 작품이 하나의 방 안에 고립되어 있는 전통적인 구조가 아니라, 공간 전체가 거대한 하나의 유기체로 작동한다는 점이다. 작품들은 고정된 위치에 머물지 않고 수십 개의 공간 전체를 자유롭게 넘나들며, 다른 작품과 만나 융합되거나 해체된다.

팀랩의 혁신은 '공간, 작품, 관람자' 이 세 요소의 완전한 통합이다. 작품은 벽과 바닥, 천장에만 국한되지 않고 공간 자체를 매개로 확장되며, 관람객은 단순히 작품을 감상하는 존재가 아니라 작품의 일부로 융합된다. 관람자의 움직임은 빛의 방향과 패턴, 음향의 구성에 영향을 주며, 때론 관람자 간의 상호작용이 또 다른 예술적 현상을 만들어내기도 한다. 이 모든 구성은 의도적으로 벽이나 구획, 동선 안내 없이 설계되었다. '길을 잃는 것'이 체험의 핵심이다. 관람객은 물리적 구조나 논리적 동선에 기대지 않고, 스스로의 감각과 움직임을 따라 전시를 경험하게 된다. 그 결과 관람자는 수동적인 감상자 역할을 벗어나 공간 안에서 능동적으로 호흡하는 주체가 된다.

팀랩 플래닛은 혁신적인 동시공간 모델로 세계 최다 전시관 방문자 수로 기네스북에 등재되었다.

　복합공간에 익숙하던 사람들에게 이런 경계 없는 공간 모델이 낯설고 어려울지 모른다는 우려도 있었다. 한때 복합공간 개념은 혁신의 상징으로 불렸다. 테마파크처럼 하나의 공간 안에 카페, 전시공간, 공연공간 등이 물리적으로 병렬 배치되어 있다는 점에서 다채로운 즐길 거리로 방문자를 유인하기에 효과적이기 때문이었다. 밥을 먹고 전시를 보고 카페에서 쉬고 공연을 감상하는 등 다양한 경험을 한 공간 안에서 이어갈 수 있다는 것은 일종의 도시적 풍요의 상징이었다. 그러나 이 구조는 각각의 기능이 독립적으로 작동하며, 경험은 구획별로 분절되고, 공간 간 이동을 통해 기능이 전환되는 식이다. 이는 사용자가 전시장에서 전시를 '보고', 카페에서 '쉬고', 무대에서 '감상하는' 일련의 순차적 흐름을 의미한다는 점에서 동시공간이 추구하는 유기적 통합과는 본질적으로 구분된다. 하지만 오늘날, 특히 Z세대에게 복합공간은 더 이상 충분하지 않다. 이들이 원하는 것은 나열된 기능의 집합이 아니라, 오직 자신이 주인공이 되어 온전하게 몰입하고 즐길 수 있는 경험 그 자체이기 때문이다.

2023년 기준 팀랩 플래닛의 연간 방문자 수는 약 250만 명이며 아자부다이 힐즈의 팀랩 보더리스는 연간 220만 명에 가까운 방문자를 끌어들이고 있다. 1년에 500만 명에 달하는 사람들이 동시공간을 찾고 있는 것이다. 필자 또한 이곳을 수차례 방문했는데, 초기와 달리 지금은 너무 많은 인파로 인해 관람이 불편할 정도다. 실제로 긴 대기 시간과 혼잡스러움에 불만을 토로하는 관람객들의 목소리도 심심찮게 들린다.

팀랩의 인기는 일본을 넘어 글로벌로 확장되고 있다. 현재 싱가포르, 중국 상하이와 마카오, 미국 샌프란시스코, 아랍에미리트 아부다비 등지에서 상설 운영 중이며, 각 도시의 문화와 공간에 맞춰 독자적인 콘텐츠로 구성되어 있다. 위치는 달라도 변하지 않는 공통점이 있다. 모든 전시가 관람자의 '경험'을 중심으로 설계되어 있다는 점이다. 기술과 예술의 융합은 시각적 자극을 넘어 관람자 개인의 감각과 사고를 뒤흔드는 깊은 몰입을 제공한다.

동시공간의 개념이 극적으로 구현된 또 하나의 대표적인 사례는 바로 이머시브 콘텐츠로 유명한 '이머시브 포트 도쿄'의 다이닝 결합 프로그램 '한밤중의 만찬: 길버트 성의 비밀'이다. 길버트 성이라는 이름에서 유추할 수 있듯이 무대는 어느 고성의 연회장으로 설정되어 있는데, 관람객은 실제로 배우들과 고급 식사를 함께할 수 있으며 극중 인물과 직접 대화하고 교감을 나눈다. 공연은 단순한 시청각 자극이 아니라, 오감 전체—맛, 소리, 빛, 냄새, 그리고 움직임—을 포함한 전면적인 체험으로 구성되어 있다. 이 과정에서 관람객은 손님 역할을 넘어 성 내부 사건을 해결해야 할 인물 중 하나로 기능하며, 그들의 선택은 이야기의 방향과 결말에 직접적인 영향을 미친다. 관람자는 감상자와 주인공, 목격자와 판단자 사이를 자유롭게 오가며, 공간은 고정된 무대가 아닌 끊임없이 변화하고 반응하는 인터페이스가 된다. 실제로 마지막 장면은 관객의 투표에 따라 달라지며, 매 회차 다른 이야기로 완성된다. 이렇게 하나의 경험 자체가 다층적인 감각과 역할, 선택 및 결과와 겹쳐지는 방식은 동시공간이 추구하는 몰입의 본질을 보여준다.

단순 관람 방식에 비해 직접 먹고 마시고 대화를 나누는 행위는 운영 비용이 상대적으로 비쌀 수밖에 없는데, 실제 공연 콘텐츠가 25만 원에 달하는 고가임에도 연일 매진을 기록하는 것은 그만큼 사람들이 동시공간의 몰입 경험에 기꺼이 값을 지불한다는 것을 보여준다.

다이닝까지 결합된 이머시브 공연 '길버트 성의 비밀'. (출처: 이머시브 포트 도쿄)

이제 새로운 공간의 패러다임은 단순히 콘텐츠를 소비하는 공간을 넘어선다. 이용자들에게 중요한 것은 '무엇을 했는가'가 아니라 '어떻게 경험했는가'이다. 전시를 본다는 것은 단지 그림을 보는 행위가 아니라, 그 속에서 누군가의 이야기를 재현하고 나의 움직임이 그것에 영향을 주며 동시에 그 순간을 기록하고 공유하는 과정이다. 새로운 세대는 이처럼 하나의 공간에서 다양한 역할을 오가며 시간과 스토리와 나 자신이 중첩되는 체험을 자연스럽게 소비한다.

동시공간은 기존의 공간 개념과 완전히 배치된다. 방문자들을 관람객이 아닌 주인공으로 삼아 콘텐츠를 설계하면 방문객 스스로가 이야기를 선택하고 그 이야기를 몸으로 체험한다. 그렇게 공간은 그들의 무대가 된다.

이제 새로운 공간의 패러다임은
단순히 콘텐츠를 소비하는 공간을 넘어선다.

이용자들에게 중요한 것은
'무엇을 했는가'가 아니라
'어떻게 경험했는가'이다.

# 70평의
## 꼬마빌딩이
## 테마파크로
### 변신하다

도심 한복판 지식산업센터. 구 아파트형 공장이라고 불리는 건물 한쪽의 단 70평. 놀랍게도 이 작은 공간에 연간 15만 명이 찾는 테마파크가 있다. 바로 '리얼월드 성수'라는 도시 테마파크다.

앞서 말한 '콘텐츠가 경험을 규정하며 경험이 공간을 규정한다'라는 명제를 입증하기 위해, 2017년 회사 멤버들, 그리고 투자사와 합심하여 성수의 비교적 저렴한 지식산업센터였던 꼬마빌딩의 두 층을 체험 공간으로 조성했다. 당시에는 성수를 찾는 사람들이 많지 않았던 시절이라 성공 확신은 물론 없었다. 키즈카페도 300평을 넘는 공간 시대에 조그만, 그것도 사람들이 잘 찾지 않던 성수의 배후 지역에 소규모 공간을 개발한다고 하니 그럴 만도 했다. 하지만 '동시공간' 모델에 확신이 있었던 만큼, 다양한 콘텐츠를 같은 공간에서 중첩해서 즐기고 식음까지 함께할 수 있는 모델의 가능성을 확인하고 싶었다.

테마파크에 대한 사람들의 고정관념은 크고 스릴 넘치는 롤러코스터나 자이로드롭 같은 어트랙션, 어린아이들이 좋아하는 회전목마 등 하드웨어에 있다. 이런 공간은 초기 조성비가 엄청날 뿐만 아니라 유지비 역시 만만찮으며 콘텐츠를 변경하는 것도 매우 어렵다. 이에 반해 리얼월드 성수는 공간을 '플레이어블', 즉 누구나 주인공이 되어 이야기를 직접 경험할 수 있는 현실 속 무대로 규정했다. 그렇기에 공간 조성에 있어 중요한 점은 다양한 이야기가 어우러질 수 있는 매력적이면서 범용적인 테마의 공간으로 만드는 것이었다.

필자는 이곳을 '미스터리 호텔'로 규정하고 객실, 카지노, 수영장, 갤러리, 세탁실 등의 인스타그래머블한 느낌의 인테리어 공간을 조성했다. 그 뒤로는 이곳에서 즐길 수 있는 다양한 서사 기반의 체험형 게임 콘텐츠를 개발했다. 연인은 데이트 콘텐츠, 친구 사이는 공포 콘텐츠, 가족은 패밀리 콘텐츠 등, 방문자 구성에 맞게 서로 다른 세계를 플레이할 수 있도록 여러 가지 콘텐츠를 준비했다.

참여자는 자신의 연령, 성별, 관심에 따라 원하는 콘텐츠를 즐기면 된다. 연인 사이라면 '에이미와 존'이라는 탐정 듀오가 되어 호텔에 벌어진 미스터리한 사건들을 해결하는 임무를 맡아 감동적인 러브 스토리를 경험할 수 있다. 특정 시점에는 협업하고, 또 때로는 각자 미션을 나눠 수행하며 공간 곳곳을 누비게 된다. 다른 콘텐츠를 선택할 수도 있다. 누군가는 고양이 간식을 찾는 집사가 될 수도 있고, 공간 속 보물찾기 놀이를 즐길 수도 있다. 호텔의 경비원이 되어 범인을 쫓을 수도 있으며 스타워즈 같은 우주 대서사시 속 종족 간 갈등을 풀어내는 영웅이 될 수도 있다. 마치 예능 프로그램에 출연한 연예인처럼, 설계된 서사와 역할을 오프라인에서 직접 수행하는 것이다. 그래서 체류 시간은 평균 120분이 넘고, 때로는 반나절을 넘기기도 한다.

또한 방문자들은 자신의 선택과 판단에 따라 공간을 활용한다. 자신만의 정체성을 갖고 능동적으로 이야기를 완성해가는 것이다. 스마트폰을 활용하여 개별 경험을 즐기기 때문에 여러 사람이 같은 공간에 있어도 문제가 없으며 외국인들도 각자의 언어로 게임을 즐길 수 있다. 무엇보다 이 콘텐츠들은 모두 하나의 공간을 공유하면서 즐기는 방식이다. 방탈출처럼 개별 테마를 위한 개별 공간을 마련하는 것이 아니라, 미스터리 호텔의 여러 범용 공간을 누비며 각자 서로 다른 이야기를 체험하는 동시공간 모델이다.

리얼월드 성수, 연 15만 명이 방문해 다양한 스토리를 동시공간에서 즐긴다.

감사하게도 겨우 70평 남짓한 체험 공간이 연간 15만 명이나 방문하는 랜드마크가 되었다. 리얼월드 성수는 MZ메가트렌드로 선정되었고, 외국인들의 필수 방문지로 떠오르며, 서울관광재단이 선정한 'Seoul Top Unique Experiences To Try In' 중 하나로도 소개되었다.

플레이어블 콘텐츠에는 세 가지 흥미로운 점이 있다. 우선 같은 공간에서 중첩한 경험을 즐기게 만들 수 있다는 것이다. 사람들은 동일한 공간을 공유하지만 각자의 이야기에 몰입하며 플레이하기 때문에 게임 도중 다른 사람이 내 눈앞에 있고 시끄럽게 떠들어도 전혀 눈에 들어오지 않는다. 하나의 공간 안에 수많은 이야기가 중첩되고 체험은 매번 달라진다. 그야말로 사람들은 보는 것을 경험하는 것이 아니라 경험하는 것을 본다.

두 번째는 참여자 스스로가 자발적인 바이럴을 일으킨다는 것이다. 누군가와 함께 체험한 콘텐츠는 단순한 팩트 리뷰가 아니라 하나의 감정이 담긴 이야기로 재생산되어 SNS에 공유되고, 그 공유는 다시 새로운 방문객을 이끌어낸다. 해시태그를 강요하지 않아도, 경품을 걸지 않아도 사람들은 자신이 주인공이 된 그 서사를 공유하고 싶어서 자발적으로 자신의 인스타그램과 유튜브, 블로그에 리얼월드 성수를 기록한다. 이 자발적인 확산 구조야말로 지속가능한 집객과 확장성의 핵심이다.

마지막으로 하나의 콘텐츠를 다양한 지역, 그리고 공간에 그대로 유통할 수 있다는 점이다. 충북 청주와 광주광역시에도 동일한 형태의 미스터리 호텔 공간에 동일한 콘텐츠를 런칭하였고, 역할과 서사를 즐기고자 하는 다양한 시민들의 사랑을 받으며 공개 직후부터 큰 인기를 끌고 있다. 하나의 IP를 다양한 공간에 판매할 수 있는 것이다. 처음 성수에서 흥행을 거두었을 때는 '성수라서 가능한 것이다'라는 말도 있었지만, 청주와 광주의 리얼월드에는 그 이상으로 사람들이 찾고 있는 상황이다. 입지도 입지지만 역시나 중요한 것은 사람들이 즐길 수 있는 역할과 서사 기반의 콘텐츠라는 사실이 입증된 셈이다.

LBE의 핵심 특징 덕에 기존의 게임뿐 아니라 영화, 드라마, 예능 등 다양한 IP 역시 플레이어블하게 제작하여 전국의 공간에서 즉시, 별도의 공사 없이 즐기게 만들 수 있다. 중국 쥐번사가 4만 5천 개의 매장을 통해 연간 8조 원의 시장 규모를 만들 수 있었던 것도 하나의 대본 IP를 전국에 유통할 수 있기 때문이다.

전국에는 엄청난 예산이 들어간 지역 복합문화공간이 있다. 그런데 하나같이 실패한 사례가 주를 이룬다. 이유는 단 하나다. 방문자에게 어떤 역할도 부여하지 못했기 때문이다. 콘텐츠는 많지만, 체험은

리얼월드 커넥트현대 청주          리얼월드 광주

없다. 시나리오는 있지만, 무대는 없다. 사람들이 다시 찾는 공간, 인스타그램에 자발적으로 올리는 공간, 자랑하고 싶은 공간에는 단 하나의 공통점이 있다. 나에게 주어진 이야기가 있고, 그 안에서 내가 무언가를 해냈다는 체험이 있다는 것.

동시공간, 그리고 그 속에서의 플레이어블 콘텐츠는 이렇게 작은 꼬마빌딩조차 지역을 대표하는 장소로 만들 수 있을 정도의 잠재력을 내포하고 있다. 때문에 더 많은 자원과 공간, 여러 지역적 이야기를 가진 곳에는 더 큰 가능성과 기회가 있다. 복합문화공간이 실패한 이유를 되짚어보면서 오히려 그것을 참여자들의 '무대'로 만들고 그 위에 계속해서 새로운 이야기를 올릴 수 있다. 테마파크는 더 이상 넓고 비싼 땅 위의 롤러코스터가 아니다. 누구나 주인공이 될 수 있는 무대, 우리가 살아가는 도시의 모든 것들을 테마파크로 만들 수 있다.

이야기와 역할,
당신의 공간에는 이 두 가지가 있습니까?

# 버려진 창고에서
# 영화를 체험하다
## : 영국 시크릿 시네마

필자는 런던 외곽에 있는 비밀 장소로 향하고 있었다. 사실 필자는 영국 비밀정보국 MI6의 비밀요원으로 엔지니어 임무를 수행 중이다. 비행기를 타고 런던 히드로 공항에 도착해 짐을 풀려는 찰나 메일로 비밀 메시지가 온다.

접선 장소: 이스트우드의 비밀 창고
드레스코드: 퍼플 컬러의 턱시도 등 슈트.
암흑 세력이 곳곳에 숨어 있으니 노출되지 않도록 주의할 것.
이 메일은 5분 뒤에 폭파된다…

음, 드디어 작전이 시작되었군! 오늘 지령은 벌써부터 쉽지 않겠는걸… 작업복, 아니 의상을 걸치고 목적지로 향한다. 언더그라운드 표시의 지하철에 올라탄다. 수많은 시민들이 한데 섞여 있지만 나는 안다. 정거장을 거칠수록 슈트를 입은 요원들이 하나둘씩 여기저기 들어서는 게 보인다. 드레스를 입은 여성들도 나의 시야에 들어온다. 위험하다! 그렇게 한 시간 넘게 지하철을 타고 런던 외곽으로 향한다. 이내 지하철 문이 열리자 슈트를 입은 남성들과 드레스를 입은 여성들이 한데 내린다. 그들은 모두 한곳을 향해 걸어가고 있다!

무슨 소설 같은 이야기를 하는가 싶지만, 이것은 필자가 직접 경험한 흥미진진한 이야기의 여정이다. 런던 외곽의 낡은 공장, 버려진 철도 창고, 또는 황량한 옛 주차장. 쓸모없어 보이던 그 장소들이 밤이 되면 수천 명이 모여드는 몰입형 영화를 체험하는 공연장으로 변모한다. 바로 '시크릿 시네마 Secret Cinema'라는 곳으로 수십 명의 배우와 수천 명의 관객이 함께 만들어가는 거대한 스토리월드다.

수천 명이 한꺼번에 즐기는 초대형 이머시브 공연 '시크릿 시네마'. (출처: 시크릿 시네마)

시크릿 시네마는 2007년 영국에서 시작된 이머시브 콘텐츠 브랜드로, 기존의 극장이나 테마파크의 틀을 과감히 벗어던진다. 이들은 사람들이 영화 한 편을 '본다'는 개념을 넘어 영화의 세계에 '들어간다'는 감각을 선사한다. 예를 들어, 〈백 투 더 퓨처〉를 테마로 한 공연에서는 관객들이 힐밸리 마을에 입장하며 1950년대 복장을 갖추고 실제 마을 시장과 주민들과 상호작용 하게 된다. 〈007 카지노 로얄〉

의 경우에는 입장부터 보안 검색을 거친 뒤 실제 카지노, 스파이 훈련소, MI6 사무실이 재현된 공간을 통해 미션을 수행하게 된다. 최근에는 〈가디언즈 오브 갤럭시〉, 〈기묘한 이야기〉, 〈그리스〉 등의 인기 콘텐츠를 체험형으로 변모시키고 있다.

시크릿 시네마가 가진 가장 큰 힘은 공연 장소는 물론 도시 전체를 이야기 속 배경으로 활용한다는 점이다. 우선 시크릿 시네마는 티케팅 후 이동 과정에서부터 펼쳐진다. 공연 당일 처음 지하철을 탈 때만 해도 사람들은 서로 낯설어하며 조용했는데, 점차 지하철 칸마다 슈트 차림의 신사, 화려한 드레스를 입은 숙녀들이 하나둘 합류하면서 마치 영화 세트 속 열차처럼 분위기가 바뀐다. 어느 시점이 지나면 아예 지하철 전체가 영화 속 장면으로 변모한다. 종점에 도달할 무렵 지하철 내부는 장관 그 자체가 된다. 승객들이 모두 시크릿 시네마를 향하는 플레이어라는 사실을 인지하기에, 지하철 안에는 따뜻한 이야기꽃이 피어난다. "시크릿 시네마 가세요?" "네, 당신도요?" "그렇죠. 캐릭터 뭐예요?" "전 제임스 본드입니다." 이 순간 이들은 하나의 세계관을 공유하는 동료이자 공동 창작자가 된다. 살아 움직이는 이야기의 일부가 되는 것이다. 도시에서부터, 무대와 객석의 경계가 사라진 모든 것이 융합되는 동시공간형 플랫폼을 제공한다.

앞서 필자가 펼쳐낸 이야기는 〈007 카지노 로얄〉 공연이다. 처음 이 공연을 경험했던 순간은 지금도 잊을 수 없을 만큼 놀라움의 연속이었다. 공연 장소는 런던 외곽의 버려진 산업 공간이었는데, 이야기는 이미 티케팅을 하는 순간부터 펼쳐진다. 비밀요원이 되어 캐릭터와 드레스코드를 결정하는 순간부터 숙소를 벗어나 공연 장소로 향하는 모든 과정이 이야기의 일부가 된다.

한 번에 수천 명에 달하는 인원들이 버려졌던 지역의 우뚝 선 창고 안으로 걸어 들어갈 때면 그 자체로 두근두근하다. 입구에서 보안요원처럼 분장한 배우가 여권과 초대장을 확인하며 임무 브리핑을 하고 MI6 소속 비밀요원으로서의 신분을 부여한다. 현장에서 무슨 일이 벌어질지 아무런 정보가 없었지만, 입장 전부터 수많은 관객들이 영화 속 등장인물처럼 분장하고 몰입한 채 줄을 서 있는 모습을 보면 이미 공연은 시작된 것이나 다름없음을 깨닫는다.

입장하자마자 입구에는 영화 속 전투 신의 한 세트장이 나타나며 배우의 근육과 땀, 호흡을 스크린에서가 아니라 내 눈앞에서 직접 볼 수 있다. 그곳에 서서 싸움을 구경하든, 영화 속 다른 장면으로 걸어 들어가든 모든 것은 나의 자유다. 나는 이내 영화의 핵심 공간 중 하나인 카지노 내부로 걸어 들어갔고, 그곳에 있는 배우들과 정말 카지

시크릿 시네마 〈007 카지노 로얄〉의 입장을 기다리는 요원들의 대기 줄. 필자도 그중의 한 명이다.

노 게임을 한다! 직접 배우와 상호작용 하는 느낌은 낯선 경험이었기에 심장을 쿵쾅쿵쾅 뛰게 만들었다. 참, 나는 엔지니어였지. MI6 본부 내에 마련된 기술무기 개발 부서로 향한다. 흔히 'Q'가 담당하는 연구실이 있는 곳으로 각종 첩보 장비와 무기가 테이블 위에 놓여 있었고, 실제 영화 속 장면처럼 과학자들이 실험하는 모습을 재현한 공간은 결코 세트처럼 느껴지지 않았다.

가장 인상 깊었던 장면은 '공항 테러' 장면이 펼쳐지는 장소였다. 카지노를 빠져나와 공항 세트장에 도착했을 때 수백 명의 사람들이 눈앞에 있었다. 그리고 흰색 수트를 입은 MI6 요원이 용의자를 찾아다니고 있었고 나에게도 본 적 있는지 물어보며 지나친다. 그러더니 이내 용의자를 발견하고서는 공항이 떠나갈듯 "Freeze!"를 외치며 공포탄을 쏘자 그 소리에 놀란 수백 명의 관객이 실제 상황처럼 바닥에 엎드렸고, 나 역시 그 흐름에 휩쓸려 극적인 긴장감 속에 몸을 낮췄다. 사람들은 기꺼이 영화 속 주인공이 되어 소리를 지르거나 숨을 죽였고, 여기저기서 "Get down!"을 외치는 소리도 들렸다. 그런데 관객들은 서로 눈을 마주치며 웃고 있었다. 우리가 있는 공간 전체는 하나의 거대한 스파이 액션 영화였다. 연출이 아니라 몰입이었다. 진짜 '그 사건의 현장'이었다.

시크릿 시네마는 보통 1천 명 이상에서 많게는 5천 명가량의 관객이 3시간여 동안 몰입 경험을 하는 초대형 라이브 시네마로, 공연형 도시 하나가 통째로 조성되는 듯한 느낌을 준다. 쉽게 말해 '스크린 밖으로 나온 극장'이다. 관객은 객석에 앉아 영화를 '바라보지' 않고, 자신이 영화의 한 장면 속으로 들어가 그 세계관 안에서 살아 숨쉬는 등장인물이 된다. 무대는 도시 한복판, 배경은 실제 거리, 배우는 바로 관객 자신이다. 이 새로운 형식은 관람 경험의 본질을 바꾸어놓았다. 영화 속 이야기를 눈앞에서 보고 듣고 만지고 선택하며, 자신의 몸으로 '겪는' 경험으로 승화시킨 것이다. 이로써 영화는 공간 전체에 펼쳐진 살아 있는 세계가 되었다.

이러한 경험은 단지 공연장의 안에서만 끝나지 않는다. 지하철을

탔던 시민들, 거리를 지나던 사람들 모두가 이 특별한 장면을 목격하고 호기심을 품게 된다. 시크릿 시네마의 관객들은 일종의 '걸어 다니는 광고판'이자 '살아 있는 관광 콘텐츠'가 된다. 이들의 복장과 에너지, 그리고 몰입의 태도는 주변 사람들의 관심을 끌고 참여를 유도하는 강력한 자석과도 같다.

2018년 기준으로 시크릿 시네마는 연 매출 약 3천만 파운드(한화 약 500억 원)를 기록했으며, 매 공연당 평균 5만 명 이상의 관객을 유치하고 있다. 관객 1인당 티켓 가격은 약 60~120파운드에 이르며, VIP 티켓과 스토리 확장형 참여권을 포함하면 최대 200파운드까지도 형성된다. 이는 일반 영화관의 단가와 비교했을 때 10배 이상 높은 수준으로, 콘텐츠의 프리미엄화가 실제로 가능함을 입증한다.

디지털 콘텐츠와 달리 오프라인 공간을 매개로 하는 시크릿 시네마는 지역 경제 활성화는 물론 관광 산업 전반의 견인 효과까지 입증하고 있다. 영국의 관광청은 시크릿 시네마 공연 시즌이 시작되면 외국인 관광객 유입 효과가 상당하다고 발표한 바 있으며, 공연이 열리는 지역의 단기 고용 및 소비 진작에도 뚜렷한 영향을 미친다고 밝혔다. 특정 공연이 열리는 4~6주간 수십억 원에서 수백억 원대에 이르는 경제적 파급 효과가 발생하며, 지역의 소비 패턴이 눈에 띄게 변화한다. 공연 주변 상권은 일시적인 유동 인구 증가에 그치지 않고, 이머시브 콘텐츠에 관심이 높은 새로운 고객층을 유입시키는 데 성공하고 있다. 카페, 레스토랑, 패션숍 등 지역 상점들이 테마에 맞춘 마케팅을 함께 기획하는 등 공연과 지역이 유기적으로 결합하며, 그 지역 전체가 하나의 축제처럼 기능하게 된다. 〈기묘한 이야기〉, 〈가디언즈 오브 갤럭시〉 등 세계적인 팬덤을 가진 콘텐츠를 체험할 수 있다는 사실은 영국을 찾는 동기가 될 정도이며, 이미 영국을 찾은 사람들에게도 반드시 가야 할 머스트 플레이스가 되는 것이다.

더욱 흥미로운 사실은 이 모든 것이 기존의 폐공장, 옛 창고, 유휴지 등 '버려진 공간'에서 이뤄진다는 점이다. 낡고 어두운 공간일수록 상상력의 캔버스가 되고, 영화의 세트로 기능하며, '비밀스럽게 찾아가는 장소'라는 미스터리함이 더해진다. 시크릿 시네마는 공간을 활용하는 방식에서 도시 재생과 콘텐츠 산업의 교차점에 있다.

시크릿 시네마는 2022년 미국 시장에도 진출했다. 넷플릭스의 〈기묘한 이야기〉 시리즈와 협업한 로스앤젤레스 공연은 매진을 기록했다. 이를 계기로 미국과 유럽, 한국을 비롯한 아시아 내 여러 도시에서 시즌 공연이 기획되고 있다. 시크릿 시네마는 이제 '콘텐츠 유통사이자 공연 제작사, 도시 브랜딩 플랫폼'으로까지 확장된 상태다. 영

시크릿 시네마는 넷플릭스, 마블 등과 협업하며 새로운 스토리 테마파크로 거듭나고 있다.
(출처:시크릿 시네마)

국의 〈가디언〉, 〈텔레그래프〉 등 주요 언론들도 시크릿 시네마를 '21세기형 공연 혁신', '문화와 도시가 만나는 새로운 모델', '영화 산업의 미래적 확장'으로 평가하며 집중 조명해왔다. 특히 〈뉴욕타임스〉는 "시크릿 시네마는 영화관을 대체하지 않는다. 오히려 영화를 다시 살아 숨 쉬게 만든다"고 극찬한 바 있다.

이제는 화려하게 조성한 공간 그 자체보다, 이야기의 힘이 강력한 공간이 더 오래 기억된다. 수천억 원을 들여 짓는 테마파크 대신, 상상력과 서사를 기반으로 한 몰입형 콘텐츠가 더 큰 관광 수익과 화제를 만들어낼 수 있다는 가능성을 시크릿 시네마는 입증하고 있다.

시크릿 시네마는 도시 곳곳의 유휴 공간을 활용하면서도, 공간을 '빈 곳'이 아닌 '무한한 가능성의 무대'로 재탄생시킨다. 이는 도시의 새로운 자산이 될 수 있으며, 지역 경제를 활성화시키는 모델이기도 하다. 콘텐츠 밀도와 체류 시간이라는 개념에서 보더라도, 시크릿 시네마는 도시와 콘텐츠 산업이 만나는 가장 실험적이고 성공적인 사례 중 하나다.

공간은 버려지지 않는다. 이야기가 없을 뿐이다. 우리는 수많은 전시관, 박물관, 공연장이 사람들의 발길에서 멀어지는 현실을 마주하고 있다. 그 이유는 분명하다. 이 공간들은 여전히 이야기를 '보여주는' 데 머무를 뿐 사람들을 그 이야기 속으로 '초대하지' 않기 때문이다.

지금의 관객들은 단순한 감상자를 넘어 직접 스토리를 선택하고 움직이며, 그 안에서 자신의 역할을 만들어가는 참여자이자 주인공이 되고 싶어한다. 하지만 많은 문화공간은 아직도 일방적인 콘텐츠 전달에 머무르며 관람객을 수동적인 존재로 설정한다. 결국 콘텐츠는 존재하지만 몰입은 없고, 공간은 있지만 추억은 남지 않는 결과로 이어진다.

시크릿 시네마는 도시의 버려진 공간을 새로운 랜드마크로 바꿔 놓았다. 수천 명의 관객이 그 공간에서 몰입하고 머무르며 거대한 이야기를 함께 만드는 이 콘텐츠는 하나의 도시형 콘텐츠 플랫폼이라 할 수 있다. 도시 공간은 결국 '얼마나 머물고 싶은 이야기를 제공하느냐'에 따라 살아나기도 하고 잊히기도 한다. 우리는 지금, '이야기 중심의 테마파크'라는 새로운 시대의 입구에 서 있는 것이다.

# 문 닫은 쇼핑몰이
차세대 **테마파크**로
: 이머시브 포트 도쿄

도쿄 오다이바. 이곳에 자리 잡았던 비너스 포트는 한때 유럽풍 거리를 테마로 꾸며진 독특한 쇼핑몰이었다. 화려한 인공 하늘 아래 분수 광장과 돌바닥이 이어지던 이 공간은 오다이바 관광의 필수 코스였다. 그러나 온라인 쇼핑의 성장과 새로운 오프라인 경험의 부재 앞에 점점 빛을 잃어가다가 2022년, 22년 만에 조용히 문을 닫았다. 그렇게 시대의 흐름 속에 또 하나의 공간이 사라지는 듯했다.

그런데 이 자리에서 예상치 못한 일이 벌어졌다. 쇼핑몰로서의 생을 마감한 그 장소가 전혀 새로운 얼굴로 다시 문을 연 것이다. 이름은 '이머시브 포트 도쿄Immersive Fort Tokyo'. 유니버설 스튜디오의 크리에이티브 담당이었던 인물이 만든 신개념 테마파크다. 신기한 것은 테마파크임에도 흔한 놀이기구 하나 없다. 기존 쇼핑몰 건물을 부수거나 리노베이션도 하지 않은 채 그대로 사용한다. 그런데 24년 3월 오픈 이후 1년도 채 되지 않아 1백만 명이 방문하는 곳이 되었다. 도대체 무슨 장소일까?

외관만 보면 쇼핑몰 같지만, 문을 열고 들어가는 순간 이곳은 분명히 '다른 세계'다. 무엇을 사는 곳이 아니라 무엇을 '겪는' 곳이다. 이야기를 듣거나 보는 것이 아니라 그 이야기 안으로 들어가는 곳. 이머시브 포트 도쿄는 지금 극장의 미래, 테마파크의 미래, 미디어의 미래가 어디로 향하고 있는지를 가장 구체적인 형태로 보여주는 공간이다.

폐업한 쇼핑몰 공간(좌)이 사람들로 가득 찬 스토리 테마파크로 변신했다(우).

이곳에 들어서면 방문자는 관찰자가 아닌 주인공이 된다. 갑자기 의문의 스파이가 내게 다가와 말을 걸고 종이쪽지를 건네거나, 〈오징어 게임〉에 등장할 법한 붉은 옷의 진행요원들이 불쑥 총을 들고 다가와 얼굴에 두건을 씌우고 밧줄로 손을 감고 끌고 가기도 한다. 즉 이곳에서는 관람이라는 단어는 의미를 잃으며, 전체 공간은 연극 무대가 아닌 하나의 현실로 나와 상호작용 하는 대상이다.

약 3만 제곱미터 규모의 실내 공간에는 10개 이상의 몰입형 콘텐츠가 상설 운영된다. 공간 전체를 활용한 콘텐츠도 있으며, 몰입 경험을 위한 격리된 콘텐츠 공간도 마련되어 있다. 어느 콘텐츠에 들어가든 고정된 관람 방식은 없다. 배우들이 실시간으로 상호작용 하고, 관객은 언제든 개입하거나 방관할 수 있다. 내가 어떻게 행동하느냐에 따라 이야기는 미묘하게 방향을 바꾼다. 단순한 퍼포먼스가 아니라 실시간으로 쓰이는 이야기다. 몇 가지 콘텐츠를 소개하면 다음과 같다.

이머시브 포트 도쿄의 다양한 콘텐츠.

'셜록 홈스 – 제임스 모리어티의 귀환James Moriarty Strikes Back'은 1890년대 런던의 골목과 사건 현장을 완벽히 재현한 세트장에서 진행된다. 조명이 어둡게 깔린 브릭 골목, 골동품이 가득한 서재, 부패한 법정과 낡은 학교 교실이 이어진 공간은 그 시대 속을 걷는 듯한 감각을 만들어낸다. 셜록 홈스의 최대 숙적 모리어티 교수가 돌아온다는 설정 아래 참가자들을 복잡하게 얽힌 사건 속으로 끌어들인다. 참가자들은 각자 다른 역할을 부여받은 채 사건 현장으로 들어가고, 실시간으로 배우들과 상호작용 하며 수사를 진행한다. 단서 수집, 관계 파악, 결론 도출까지 모든 과정이 관객의 손에 달려 있다. 이야기의 흐름은 고정되어 있지 않고, 누가 무엇을 어떻게 받아들이느냐에 따라 다른 전개가 펼쳐진다. 관객은 관찰자가 아니라 서사의 주체로 기능한다.

'이머시브 데스 게임'은 넷플릭스 〈아리스 인 보더랜드〉로도 유명한 원작 드라마의 세계관을 극도로 몰입감 있게 구현한 생존 게임 콘텐츠다. 참가자는 전기충격 기능이 내장된 특수 목걸이를 착용한 채 게임 구역에 배정된다. 게임은 철문이 달린 어두운 복도, 미로처럼 얽힌 건물 내부, 제한된 조명과 비상 사이렌이 울리는 공간 등 극도의 긴장을 유도하는 세트에서 펼쳐진다. 각 팀은 제한 시간 내에 주어진 미션을 해결해야 하며, 실패 시 목에 찬 장치가 실제로 진동하며 공포감을 극대화한다. 허리가 아플 때 하던 물리치료 장치가 목에 감겨 있는 것으로 목에 전기가 오르는 느낌을 제대로 경험할 수 있다. 필자 역시 예외가 아니었는데, 진동을 느끼는 순간 목이 가늘어서 전기충격을 완화할 수 있는 사람이 부러웠다. 때문에 참가자들은 문제를 푸는 와중에도 숨소리를 죽이고 몸을 웅크린 채 현실과 거의 구분되지 않는 위기감을 경험한다. 일부는 놀라거나 비명을 지르기도 하고, 함께 플레이한 낯선 사람들과도 생존을 위한 협력을 시도한다. 이 콘텐츠는 스릴, 육체 반응, 감정적 몰입이 모두 뒤엉킨 '극한 서사 몰입 체험'이라 할 수 있다.

'에도 오이란 기담'은 에도 시대 유곽의 화려하고 비극적인 정서를 공포와 융합시킨 체험 콘텐츠다. 붉은 등불이 드리운 좁은 골목과 정갈한 다다미방, 고요하게 펼쳐진 전통 정원이 이어진 세트장은 관객을 시대극의 한복판으로 이끈다. 관객은 이 공간을 천천히 걷는다. 배우는 마주 보고 말을 걸지 않지만 눈빛 하나, 손짓 하나로 이야기를 끌어간다. 어떤 순간에는 오이란의 깊은 한을 경험하고, 또 다른 순간에는 불쑥 튀어나오는 그림자에 등골이 오싹해진다. 그러나 진짜 핵심은 공포가 아니라 감정이다. 많은 이들이 "무서웠다"라는 반응보다 "마음이 아팠다"라며 공감을 표현한다.

이머시브 포트 도쿄는 막대한 시설 투자 없이도 성공적인 수익 구조를 실현하고 있다. 놀이기구나 대형 기계 시설이 전혀 없기 때문에 초기 인프라 구축 비용과 유지 비용은 상대적으로 낮고, 대신 그 자리를 수십 명의 배우들과 정교한 시나리오 설계가 채우고 있다. 이 구조는 공간이 아닌 사람과 이야기 중심의 경험 설계를 가능하게 했고, 감정의 교류와 몰입이라는 인간 고유의 경험을 수익으로 전환하는 혁신적 모델이 되었다. 이머시브 포트는 하드웨어 중심의 콘텐츠가 아닌, 사람들의 감정을 몰입시키고 함께 즐기는 경험 중심의 콘텐츠로서 기존 극장, 테마파크, 미디어 플랫폼이 가지지 못한 압도적인 경쟁 우위를 확보한 셈이다.

이머시브 포트 도쿄 공간은 기존 쇼핑몰 공간을 그대로 활용한다.

흥미로운 점은 이머시브 포트 도쿄는 아직 전체 공간의 30%도 채 활용하지 않고 있다는 점이다. 공식 인터뷰와 언론 보도에 따르면 운영진은 대부분의 공간을 비워둔 상태에서 일부 콘텐츠만으로 운영을 시작했으며, 앞으로 분기마다 새로운 이야기를 추가하고 콘텐츠 구역을 점진적으로 확장해나갈 계획이라고 한다. 이는 관객의 몰입 피로도를 고려해 일정 속도로 콘텐츠를 큐레이션하고 있다는 뜻이기도 하다. 향후 특정 시즌이나 IP 콜라보, 글로벌 작가들과의 공동 제작을 통해 전용 테마존도 개발될 가능성이 언급되고 있으며, 궁극적으로는 '세계 최초의 몰입형 테마 시티'로의 진화를 예고하고 있다.

이 프로젝트를 기획하고 이끈 후카자와 켄은 과거 유니버설 스튜디오 재팬(USJ)의 크리에이티브팀에서 활동하며 '위저딩 월드 오브 해리 포터' 등 몰입형 어트랙션의 설계와 실행을 담당했던 인물이다. 그는 인터뷰에서 사람들은 이제 서사 안에 들어가는 입구를 찾고 있고, 우리가 디지털을 통해서 즐기던 모든 경험이 오프라인과 결합했을 때 새로운 차원의 기회가 열릴 것이라고 말했다. 줄을 서고 순서를 기다리는 대신, 직접 참여하고 주도하며 스스로의 이야기를 펼칠 수 있는 공간을 만들어야 한다고 주장했다. 그 상상이 지금 이머시브 포트 도쿄라는 현실로 실현된 것이다.

이머시브 포트 도쿄는 개장 1년 만에 공간의 규모와 콘텐츠 수, 회차 운영량을 기준으로 추산했을 때 100만 명 이상의 관람객이 몰린 것으로 분석된다. 굿즈, 식음료, 부가 체험 상품까지 포함하면 연간 수천억 원에 달하는 경제적 파급력을 가진다. 흔한 놀이기구 하나 설치하지 않고도 말이다. 몰입과 선택이 만들어낸 감정의 경험이 실제 소비를 이끌고 있는 것이다.

특히 운영 1년 차를 지나며 드러난 놀라운 사실 하나는 관객의 소비 성향이 예상과 전혀 다르게 나타났다는 점이다. 당초 이머시브 포트는 기본 입장권만으로도 즐길 수 있는 라이트 콘텐츠와 추가 요금을 지불해야만 체험 가능한 프리미엄 딥 콘텐츠를 병행 운영했는데, 셜록 홈스, 오이란 기담 등 몰입도 높은 스토리 중심 콘텐츠는 당연히 일부 마니아층만이 선택할 것이라는 예측이 많았다. 그러나 실제 운영 결과, 관객 선택 비율은 오히려 프리미엄 콘텐츠 70%, 라이트 콘텐츠 30%로 집계되었다. '관객들은 생각보다 훨씬 더 진지하게, 더 강렬하고 깊은 이야기를 원한다'는 시장 반응을 명확히 보여준 것이다.

그래서 회사는 이제 고객들은 자신이 주인공이 되어 체험하는 내러티브 구조에 훨씬 더 강한 흥미를 느끼며 단순 입장권 이상의 비용을 지불할 의사도 있다고 판단했다. 콘텐츠는 이제 누군가가 만든 완성품을 감상하는 형태를 벗어나 내가 직접 안으로 들어가 무대의 일부가 되고, 감정적으로 반응하며, 나의 선택이 이야기를 바꿀 수 있는 새로운 형태가 된다는 것이다.

그래서 이머시브 포트는 과감하게 자유입장권이라는 개념을 폐지했다. 전 세계 테마파크 역사상 최초의 일이었다. 일정 금액을 지불하면 하루 종일 다양한 어트랙션을 제한 없이 즐길 수 있는 자유이

| 셜록 베이커 거리의 살인사건 | 오이란 기담 이야기 | 길버트 성의 비밀 : 이머시브 다이닝 |
| 8만 원 | 15만 원 | 25만 원 |

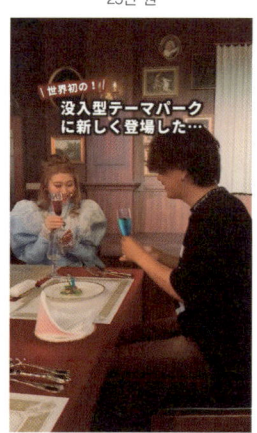

입장권 요금 대신 콘텐츠별 과금 정책으로 바꿨음에도 이머시브 포트 도쿄는 더욱 인기를 누리고 있다.

용권 제도를 기존 대형 테마파크들이 채택했던 이유는 명확하다. 방문객의 체류 시간과 만족도를 높이고, 복잡한 가격 정책 없이 운영의 효율성을 꾀할 수 있기 때문이다. 고객 입장에서는 가격에 대한 예측 가능성과 체험의 자유도가 주어지고, 운영자 입장에서는 수요를 안정적으로 확보할 수 있는 장점이 있다.

그런데 이머시브 포트 도쿄는 2025년 3월 자유이용권을 폐지하고, 콘텐츠별 티켓 체계로 전환했다. 경제학 논문에 따르면 고객의 이용 패턴을 예측할 수 없는 상황에서는 고정 입장료가 수익 측면에서 더 유리하다고 하는데, 오히려 이들은 입장료 개념이 아닌 콘텐츠별 과금을 선택한 것이다.

결과적으로 관객은 더 높은 금액을 지불하더라도 더 깊은 몰입을 원하는 것으로 나타났다. 실제로 '에도 오이란 기담'은 14,800엔이라는 높은 가격에도 97% 이상의 매진율을 기록했고, '도쿄 리벤저스 이스케이프'는 고객 만족도 99%를 달성했다. 가격이 문제가 아니다. 중요한 것은 그 경험이 '대체불가능한가'이다.

그들은 이머시브 콘텐츠는 전혀 다른 원리 위에 서 있다고 주장한다. 체험은 기계가 아닌 사람으로부터 만들어지기 때문이라는 것이다. 캐스트의 연기, 무대의 디테일, 서사의 구조, 그것들이 결합해 하나의 세계를 만든다. 이 세계에 들어서는 순간, 관객은 단순한 소비자가 아니라 이야기의 일부가 된다. 그리고 이 '현장성'은 복제도, 대량생산도 불가능한 경험을 만든다. 참여자의 반응과 선택에 따라 경험이 유기적으로 변화하는 이머시브 콘텐츠의 특성상, 자유이용권의 획일적 체험 모델은 오히려 몰입을 방해할 수 있다는 것이다.

경험은 이제 조회 수보다 체류 시간으로, 시청률보다 감정 밀도로 측정되는 시대에 접어들고 있다. '이 콘텐츠를 몇 명이 봤는가'가 아니라, '그 콘텐츠 안에서 누가 어떤 감정을 기억하고 있는가'가 더 중요한 척도가 된다. 그리고 그것이야말로 콘텐츠 산업이 디지털에서 경험의 영역으로 되돌아오고 있는 지점이다.

이머시브 포트 도쿄는 바로 그 흐름의 선두에 있다. 공간을 만들고, 서사를 배치하고, 사람을 주인공으로 끌어들이는 방식으로. 이곳은 전통적인 유통도 아니고 엔터테인먼트도 아니다. 그것은 '이야기를 통해 인간의 감정을 설계하는 플랫폼'이다. 오랜 시간 동안 콘텐츠 산업이 묻고 있었던 질문—사람들은 무엇을 보고 싶어 하는가—을 완전히 바꿔버린다. 사람들은 이제 보고 싶어 하지 않는다. 사람들은 살고 싶어 한다. 스토리텔링이 아니라, 스토리리빙Storyliving이다.

콘텐츠,

이제 공간을 갖다.

## 제3장

# 콘텐츠의
# 미래

콘텐츠는 오랫동안 디지털 세계의 중심에 있었다. 스크린 속에서 재생되고, 플랫폼 위에서 소비되며, 알고리즘에 의해 유통되는 콘텐츠는 현대인의 일상을 지배했다. 그중에서도 게임은 가장 강력한 형태의 콘텐츠였다. 몰입과 반복, 경쟁과 성장의 구조를 통해 전 세계를 하나의 가상 무대로 만들었고, 디지털 콘텐츠 산업의 정점에 군림했다.

그러나 지금, 콘텐츠는 그 틀을 깨고 있다. 스크린 안에 갇혔던 세계가 스크린 바깥으로 흘러나오고 있다. 더 이상 혼자 보는 영화, 혼자 플레이하는 게임이 아니다. 이제 콘텐츠는 함께 움직이고 함께 호흡하며 살아 있는 경험으로 진화하는 중이다.

콘텐츠는 이제 공간을 갖는다. 몸으로 부딪치고, 직접 선택하고, 현실에서 반응하는 물리적 경험으로 확장되고 있다. 디지털 기반 콘텐츠가 오프라인 공간과 만나 새로운 비즈니스 모델을 만들고, 그것은 완전히 새로운 형태의 소비 문화를 창조하고 있다.

거대 OTT 플랫폼도 이 흐름에 주목하기 시작했다. 브라우저와 앱의 틀을 넘어 실제 세계 속 테마파크를 설계하고, 드라마와 영화의 세계를 현실 속에 구현하고 있다. 그들의 목표는 시청률과 구독자 수가 아니라 '경험' 그 자체다.

이 변화 속에서 사람들은 플레이어가 되고 콘텐츠의 일부가 된다. 이야기는 제작자의 손을 떠나 참여자의 손으로 완성된다. 줄거리는 선형이 아니라 비선형이며, 서사는 일방향이 아니라 인터랙티브하다.

이제 콘텐츠는 움직이고 반응하고 선택하며 체험하는 것이다. 디지털 위에 현실을 덧입힌 새로운 형태가 되었으며 그 중심에는 LBE, 즉 Location-Based Entertainment, 실감형 오프라인 콘텐츠가 있다.

이 장에서는 수많은 흐름 중에서 몇 가지 선명한 사례들을 통해, 콘텐츠가 어떻게 스크린 너머로 확장되고 있으며, 모두를 플레이어로 만드는 세상이 어떻게 열리고 있는지를 보여주고자 한다.

# 추리 미스터리가
## 3대 오프라인
# 엔터테인먼트
# 산업이 된 이유

어릴 적 우리는 마피아 게임, 라이어 게임 같은 추리형 롤플레잉 놀이를 즐겼다. 친구들과 둥그렇게 둘러앉아 서로의 눈빛을 읽고 질문을 던지며 거짓과 진실 사이를 오가던 그 시간은 단순한 게임을 넘어서 몰입과 상상력의 훈련장이었다. 그때의 재미는 게임 자체보다도 우리가 '이야기 속 인물'이 된 듯한 느낌에 있었다. 그런데 지금 그 놀이가 디지털 시대를 지나 지역 공간과 결합하며 상상 이상의 규모로 진화하고 있다. 중국에서만 무려 10조 원 규모를 형성하고 있을 정도로 디지털 콘텐츠를 압도한다. 한국에서는 '크라임씬', 일본에서는 '머더 미스터리', 서양권에서는 'LARP(Live Action Role Playing Game)' 등으로 다양하게 불리고 있으며, 중국에서는 이를 '쥐번사(劇本杀)'라고 부른다. 혹은 주로 테이블에서 즐기는 역할극 게임으로 통칭해서 TRPG(Tabletop Role Playing Game)로 불리기도 한다.

TRPG는 '대본을 바탕으로 진행되는 역할극 추리 게임'이다. 참여자는 캐릭터와 설정이 담긴 대본을 받으며, 각자가 맡은 역할에 따라 게임 내에서 거짓말을 하거나 진실을 파헤치거나 복선을 회수하며 스토리를 완성해간다. 각본 속 서사는 단순한 살인 사건이나 추리극을 넘어 금지된 사랑, 계급 갈등, 기억 상실, 환생과 운명, 사회적 모순 등 현실과 판타지를 오가는 드라마로 확장된다. 참가자들은 이러한 이야기 속에 몰입하기 위해 각자 맡은 캐릭터에 맞는 의상을 착용하고 헤어와 메이크업까지 완성하며 등장인물로 완전히 '변신'한다. 단지 게임을 하는 것이 아니라 캐릭터로 살아보는 감정적 체험으로 인식되는 것이다. 게임을 통해 이야기에 들어가고 캐릭터를 연기하며, 스스로가 한 편의 소설이 되는 체험이 TRPG의 핵심이다.

중국 3대 오프라인 엔터테인먼트로 자리 잡은 쥐번사. (출처:뉴욕타임스)

2023년 기준 중국 전역에는 4만 5천 개 이상의 쥐번사 전문 매장이 운영 중이다. 매주 이 공간을 방문하는 MZ세대 이용자 수는 수천만 명에 달한다. 쥐번사는 영화, 스포츠 다음으로 중국 오프라인 엔터테인먼트의 3대 축 중 하나로 자리 잡았다. 연간 1억 명 이상이 쥐번사를 체험하는 것으로 추산되며, 관련 산업 규모는 중국 문화산업연구센터에 따르면 2025년 기준으로 약 9조 원 규모에 이를 것으로 전망하고 있다.

이 산업은 1선 대도시에서 출발해 2선 지역과 배후 도시까지 폭넓고 빠르게 확산되고 있다. 2020년부터 2022년 사이 신규 매장의 약 70%가 2선 이하 도시에서 개설되었다. 특히 허난성, 안후이성, 후난성 등 중부 내륙 도시권의 성장률은 연평균 40% 이상을 기록하고 있다. 이는 현지화된 콘텐츠와 저비용 창업 모델을 기반으로 쥐번사가 대도시를 넘어 더욱 다양한 지역으로 뿌리내리고 있음을 보여주는 지표다. 이와 같은 성장의 속도와 규모는 압도적이다. 2015년만 해도 몇십 개에 불과했던 매장은 10년도 채 되지 않아 4만 개를 넘어섰고, 연평균 성장률이 60%를 넘는 해도 있었다. 단일 장르로서는 유례없는 확산 속도이며, 이는 단순한 유행을 넘어 중국의 오프라인 콘텐츠 지형 자체를 바꾸는 구조적 전환으로 평가받고 있다

쥐번사의 폭발적인 인기는 단지 오락성에 그치지 않는다. 디지털 세대이자 게임 세대인 MZ세대는 더 이상 컴퓨터 앞에서 혼자 즐기는 게임에 만족하지 않는다. 그들은 타인과 함께 실시간으로 대화하고 반응하고 감정을 주고받으며 몰입하는 경험을 원한다. 이는 글로벌한 흐름이기도 하다. 미국, 일본, 한국 등지에서도 LARP나 방탈출, 머더 미스터리 콘텐츠의 수요가 증가하고 있으며, Z세대를 중심으로

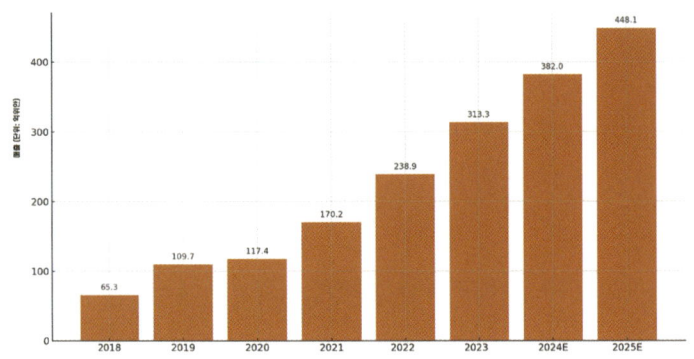

중국의 쥐번사 매출은 해마다 가파르게 상승하고 있다. (출처:아이미디어 리서치)

'디지털 피로'를 대체할 새로운 오프라인 체험 콘텐츠에 대한 관심이 폭발적으로 증가하고 있다.

이러한 흐름 속에서 쥐번사는 비즈니스·문화·교육·관광·부동산·IP 산업 등 다양한 영역으로 확장되고 있다. 최근에는 글로벌 브랜드들도 이를 새로운 마케팅 채널로 인식하고 활발히 협업하고 있다. 대표적으로 뷰티케어 기업 '에스티로더'는 젊은 소비자들과의 접점을 넓히기 위해 전국의 매장과 협업해 쥐번사 전용 스킨케어 키트를 출시한 바 있으며, 해당 제품은 특정 대본 테마와 연계되어 캐릭터의 감정선이나 배경과 연결된 상품 경험을 제공하는 방식으로 구성되었다. 이는 협찬 수준을 넘어 브랜드가 이야기 속에 스며들어 하나의 역할을 수행하는 구조로 작동했다. 뷰티뿐 아니라 패션, F&B, 리빙 산업 등으로의 확장 역시 지속되고 있다.

역할극이라는 특성으로 쥐번사는 교육 콘텐츠로서도 확장되고 있다. 학교나 기업 연수 프로그램에서 팀워크와 추론력, 감정이입 능력을 키우는 교육형 콘텐츠가 활발히 도입되고 있다. 특히 일부 중학교와 고등학교에서는 역사나 도덕 교과와 연계한 맞춤형 역할극 수업이 시범 운영되기도 했다. 예를 들어 항저우의 한 교육기관에서는 항일운동과 근대사 인물을 소재로 한 대본을 통해 학생들이 직접 인물을 연기하며 사건의 맥락을 탐색하도록 하는 프로그램을 개발했다. 이는 학생들이 복합적인 역사 이해와 윤리적 판단을 체험하는 새로운 몰입형 학습 형태로 주목받았다. 또한 무대형 연극과 결합한 실시간 관객 참여형 '쥐번사 연극'도 인기를 끌고 있으며, 일부 공연은 정기 상연 체계로 발전해 지역 문화예술 콘텐츠로 자리 잡고 있다.

이렇게 엄청난 성장세를 기록하다 보니 중국의 빅테크 기업들도 이러한 시장 변화에 반응하고 있다. 알리바바는 자사의 생활 서비스 플랫폼을 통해 쥐번사 콘텐츠의 예약·결제를 시스템화하고 있고, 위챗을 서비스하는 텐센트는 드라마, 웹툰, 게임 IP와 쥐번사 세계관을 결합해 멀티미디어 서사 확장 전략을 추진 중이다. 이들 대기업은 콘텐츠 플랫폼, 매장 프랜차이즈, IP 개발사에 투자하거나 파트너십을

맺으며 쥐번사를 차세대 콘텐츠 시장의 핵심 영역으로 보고 있다.

쥐번사 한 편의 대본은 전국 수만 개의 매장에 유통되며 반복 소비된다. 잘 만든 IP 하나는 작가나 창작자에게 큰 기회의 장이 된다. 쥐번사 콘텐츠 유통 플랫폼에서는 매달 수천에서 수만 건의 신규 IP가 등록되며, 인기 대본은 전국 수천 개 매장에서 동시에 소비될 정도로 IP 순환 속도와 플레이 빈도가 압도적이다. 〈Love Actually 1〉이라는 작품의 경우, 작가 개인에게 분배된 수익이 수천만 위안(약 100억 원)에 이를 것으로 추정된다고 한다. 수익은 대본 판매, 라이선스 유통 수수료, 파생 콘텐츠 계약 등을 통해 발생하며, 이는 기존 출판 모델이나 웹툰 산업과는 비교할 수 없을 만큼 강한 창작자 중심의 수익 구조를 형성하고 있다는 평가를 받는다. 이러한 성공은 창작 생태계를 자극했고, 현재 중국에는 3만 명 이상의 쥐번사 작가가 활동 중이다. 이들은 단지 대본을 쓰는 사람에 그치지 않고, 세계관을 설계하고 팬덤을 이끄는 IP 창작자로 자리매김하고 있다. 인기 작가의 경우 오프라인 팬미팅, 팬사인회, 세계관 확장 콘텐츠 출시 등 소설이나 웹툰 이상의 팬덤 문화가 형성되고 있으며, 일부는 콘텐츠 플랫폼과 독점 계약을 맺고 브랜드화된 작가 IP로 성장하고 있다.

우리는 지금까지 콘텐츠 산업이라 하면 보통 창작자와 플랫폼 기업 간의 이야기로 인식하곤 했다. 수익은 대부분 작가와 기업에게 돌아간다. 그런데 TRPG는 지역 공간을 직접 방문, 체류하며 몰입 경험을 즐기다 보니 여가 및 관광 산업에 직접적인 영향을 준다. 대본 플레이 한 번의 가격은 2~3만 원 이지만, 지역 경제 유발 효과는 수십조 원이 넘는다.

여기서 아쉬운 점이 하나 있다. 쥐번사 추리 게임 장르의 기원은 바로 한국의 JTBC 예능 〈크라임씬〉 시리즈였다. 〈크라임씬〉은 한때 젊은 세대들을 중심으로 큰 인기를 끌었으나 2017년 시즌 3를 마지막으로 종영되었다. 반면 중국은 해당 판권을 이용해 같은 포맷으로 만든 〈명성대정탐〉을 계기로 쥐번사라는 오프라인 체험형 산업을 완전히 정착시켰다. 무엇이 달랐던 걸까?

한국의 〈크라임씬〉은 방송 예능에 국한되어 시즌이 끝나면 콘텐츠도 종료되는 구조였지만, 중국은 방송을 시작점으로 삼아 매장을 기반으로 하는 게임 콘텐츠로 확장하는 데 성공했다. 또한 한국은 IP를 활용한 다양한 비즈니스 모델 확장에 대한 인식 부족도 결정적인 한계로 작용했다. 〈크라임씬〉은 한국에서도 열풍을 일으켰지만 방송에만 머물렀고, 이를 활용한 오프라인 게임, 도서 출간, 지역 관광 프로그램 등으로의 전환은 거의 시도되지 않았다. 해당 IP를 방송국 외부로 확장하는 것을 '그들의 영역이 아니다'라고 여겼다. 심지어 이후 쥐번사와 유사한 포맷의 오프라인 게임 문화가 국내에서 자생적으로 등장했을 때는 법적 조치로 대응하기까지 했다. 필자 역시 '리얼크라임씬'이라는 이름으로 관련 콘텐츠를 유통하며 MZ세대 메가 트렌드로 선정될 정도였지만, 협력 요청이 받아들여지기는커녕 오히려 사용 금지를 요구받아서 허탈했던 기억이 있다. 이처럼 좋은 IP를 새로운 가능성을 잉태하는 생태계로 열어야 하는 시점에 되레 '건드리면 안 되는 보호 대상'처럼 다루게 되면서 콘텐츠의 생명력을 스스로 차단하는 결과로 이어졌다. IP의 확장성과 지속성 면에서의 큰 격차는 말할 것도 없다.

이런 이유로, 2023년 넷플릭스를 통해 공개된 〈크라임씬 리턴즈〉는 큰 기대를 모았음에도 한때의 열풍을 이어가지는 못했다. 관련 생태계가 충분히 형성되지 못한 탓에 팬덤은 물론 창작자, 오프라인 공간, 파생 상품 등과 연결된 확장성이 전혀 작동하지 않았다. 이제라도 LBE와의 연계를 고민하고 준비한다면 다시금 살아 숨 쉬고 확장되는 전기를 맞을 것이라 기대한다.

혼자서 영상을 시청하거나 책을 읽으며 정보를 받아들이는 수동적 소비의 시대를 벗어나, 오늘날의 젊은 세대는 이야기 속으로 들어가 타인과 공간을 공유하고 대화하고 공감하며 즉흥적으로 스토리를 전개해나간다. 이들은 스스로 이야기의 주인공이 되어 살아보는 경험을 추구한다. 그리고 그 과정에서 감정과 관계는 더욱 선명해지고, 콘텐츠는 기억으로 남는 사건이 된다.

기술이 아무리 발달하더라도 인간은 결국 '직접 겪은 감정'을 통해 의미를 구성한다. 쥐번사는 바로 그 감정을 현실에서 타인과 함께 창조해내는 장이다. 이러한 변화는 콘텐츠의 미래가 기술이 아닌 감정, 관계, 그리고 서사의 공동 창작을 중심으로 재편되고 있음을 보여주는 강력한 징후다. 아무쪼록 한국의 IP들 역시 스크린 안의 경험을 벗어나 도시로, 세계로 뻗어나가 전 세계 젊은이들이 삶의 일부로 만날 수 있기를 바란다.

# 스크린 밖으로
# 나온 영화,
# 트랜스미디어

거대한 지진 이후 도시가 완전히 무너졌다. 단 하나, '황궁아파트'를 제외하고. 철저하게 폐허가 된 도시에서 살아남은 사람들은 살 곳을 찾아 마지막 남은 황궁아파트로 몰려든다. 문제는 황궁아파트의 기존 주민들이 굳건히 버티고 있다는 점이다. 한정된 공간과 자원, 점점 줄어드는 식량과 보급품. 황궁 주민들 입장에서는 바깥에서 밀려오는 외부인들이 위협이자 불안으로 느껴질 수밖에 없고, 이는 심각한 갈등의 원인이 된다. 들어오려는 자와 막으려는 자, 그 사이에서 흔들리는 공동체. 황궁아파트 내부에서 벌어지는 긴장감은 단순한 재난 상황을 넘어 인간의 본성과 집단의 생존 본능에 대한 생각 거리를 던진다. 바로 이병헌, 박서준, 박보영 주연의 재난 블록버스터 〈콘크리트 유토피아〉의 세계관이다. 그런데 이 영화는 통상의 영화와는 근본적으로 다른 점이 있다.

2023년 여름, 영화 〈콘크리트 유토피아〉의 첫 번째 공식 트레일러가 공개되던 날, 트위터를 통해 국내는 물론 해외 유저들 사이에서 영화와 관련된 흥미로운 반응이 퍼지기 시작했다. "황궁아파트… 진짜 존재하는 거야?", "지금 입주신청 받는다는 거 실화냐?" 어떤 이유에서인지 트레일러 속 배경이 된 황궁아파트와 관련된 웹사이트가 실제로 존재했고, 접속해보면 마치 현실 속에서도 영화의 상황이 이어지고 있는 듯한 착각을 일으키는 내용으로 구성되어 있었다.

영화 〈콘크리트 유토피아〉 세계관이 실재하는 듯한 온라인 홈페이지가 화제를 모았다.

　해당 웹사이트에 들어가면 마치 생존자를 선발하듯 입주신청서를 제출하라는 미션이 등장했다. 사람들은 온라인에서 주어지는 다양한 질문과 힌트를 바탕으로 신청서를 완성해야 하는데, 심지어 아파트의 주민자치회 인물들과 대화를 주고받는 장면도 포함된다. 이러한 과정에서 참여자들은 세계관 속 인물들의 성격, 과거, 그리고 그들 사이의 갈등 관계를 유추하게 되고, 그 안에서 누구 편에 설 것인지, 어떤 입장을 취할 것인지까지 상상하며 몰입하게 된다. 온라인 미션을 완료한 이들에게는 "현재는 공실이 없습니다. 입주 대기 순번을 유지해주십시오."라는 안내가 전송되었고, 영화의 세계관 속 생존 현실이 마치 진짜처럼 다가왔다. 공실 신청을 한 사람들은 '그런데 내게 입주 안내 메일이 오긴 하는 걸까?' 의구심을 갖는다.

며칠이 지난 후 놀랍게도 한 통의 메일이 도착한다. "공실이 나왔습니다! 현장에 방문해주십시오." 그 순간, 대부분의 참여자는 놀람과 동시에 두근거림을 느꼈을 것이다. 영화 속 황궁아파트에 진짜 입주하게 되는 것일까? 거기에는 뭐가 기다리고 있을까? 기대 반, 긴장 반으로 약속된 장소로 향한다. 그곳은 바로 롯데시네마 월드타워 지점이었다.

현장에 도착한 이들은 마치 영화에서 튀어나온 듯한 황궁아파트의 재현 공간을 마주하게 된다. 복도, 안내 데스크, 입주 서류, 그리고 보급품 수령소까지 모든 것이 영화의 한 장면을 모티브로 꾸며져 있었고, 참여자들은 아파트 구조를 직접 탐색하며 생존자 등록을 완료하는 미션을 수행한다. 체험은 극장에서 흔히 보는 전단지 한 장으로 시작된다. 얼핏 보면 그냥 영화 유인물 같지만, 이는 사실 게임 키트의 일부다.

이 전단지는 황궁아파트 주민이 되기 위한 단계별 미션을 안내하는 일종의 생존 매뉴얼이다. 참가자들은 전단지를 손에 쥐고 인근에 설치된 실제 자판기로 향한다. 거기서 특정 음료를 뽑고 라벨을 조심스레 벗긴 다음, 전단지에 제시된 지시에 따라 라벨을 정해진 위치에 붙이면 다음 단계로 이어지는 단서가 드러난다. 이 단순하면서도 직관적인 행동은 하나의 퍼즐이자 의식처럼 작용하면서 참여자들에게 실제 입주 심사를 받고 있는 듯한 몰입감을 선사했다.

영화의 세계관을 오프라인 공간에서 체험하는 방식에 사람들은 열광했다.

현장에서 수행하는 미션들은 영화 속 설정과 유기적으로 연결되어 있는 것으로, 단순한 보급품 체험이 아니라 실제 세계관 안에서 살아남기 위한 퍼즐을 푸는 과정처럼 작동하는 것이다. 예를 들어 자판기에서 구매한 음료는 '스토리 속 도구'로 기능하며, 참가자에게 감정적인 반응을 이끌어내는 요소로 기획된 것이었다.

참여자들은 "음료 라벨을 왜 뜯으라고 하지?"라는 의문에서 시작해 라벨을 게임 키트에 붙였을 때 단서가 나타나는 순간 "와!" 하고 반응하게 되는데, 이 순간은 이벤트가 기억에 각인되는 효과를 일으킴과 동시에 자연스럽게 사진이나 영상으로 촬영돼 SNS에 공유되면서 브랜드 입장에서도 자발적인 확산 효과를 낳는다. 그저 시청 형태로 광고를 보는 것보다 직접 만지고 뜯고 조립하고 이를 촬영하는 행위는 차원이 다른 접근이기 때문이다.

이처럼 작은 상호작용 하나하나가 영화 속 세계와 연결되고, 그것이 감정과 행동, 확산으로 이어지며 관객은 관찰자가 아닌 '체험자'로 자리 잡는다. 단서 수집, 탐색, 인증이라는 일련의 전개는 단순한 영화 홍보를 넘어, 트랜스미디어 콘텐츠가 어떻게 세계관을 경험하는 구조로 설계될 수 있는지를 잘 보여주는 사례다.

롯데컬처웍스와 리얼월드가 협업한 이 프로젝트는 영화가 개봉되기도 전에 온라인에서 20만 명 이상, 오프라인 체험 공간에만 1만 명 이상의 인원이 몰리며 화제를 불러일으켰다. "기발하다", "영화를 보기 전부터 이미 시작됐다"는 반응과 함께, 관객이 이야기 속으로 들어가는 트랜스미디어 마케팅의 대한민국 대표 사례로 남게 되었다.

미국 스릴러 영화 〈콰이어트 플레이스〉도 흥미로운 시도를 선보였다. 엔딩 크레딧이 끝난 뒤 관객들이 일어나려는 찰나 쿠키 영상이 나타나듯 갑자기 조명이 어두워지고 극장 내 QR코드가 등장한다. 관객이 이를 스캔하면 잠시 후 스크린에는 스페셜 에피소드 영상이 나타나고 영화 속 주요 장면들을 모티브로 구성된 실시간 생존 미션이 제시된다. 관객은 자신의 자리에서 스마트폰으로 QR, 웹뷰, 음성 기반의 힌트 시스템 등을 통해 마치 극장 안에서 모바일 방탈출 게임을 즐기는 듯한 느낌을 받는다. 영화가 끝났지만 극장에서 일어나는 사람은 없었다.

'트랜스미디어 스토리텔링Transmedia Storytelling'이란 각기 다른 미디어가 하나의 세계관 안에서 독립된 조각을 맡으며 전체적으로는 통합된 서사를 입체적으로 구성해나가는 방식을 말한다. 단순히 콘텐츠를 여러 매체에 반복적으로 확장하는 것이 아니다. 관객은 TV, 영화, 웹, 모바일, 오프라인 공간 등 다양한 채널을 넘나들며 파편화된 정보를 스스로 조합하고 연결하면서 거대한 이야기를 완성해간다.

과거의 미디어 전략이었던 '원 소스 멀티 유즈One Source Multi Use'는 하나의 IP를 영화, 드라마, 웹툰, 게임 등 여러 포맷으로 반복해 소비시키는 방식이었다. 효율성과 확산도 면에서는 유효하다는 평가를 받지만, 동일 내용을 서사적으로 반복하는 방식이 피로감을 유발하며 소비자 경험의 깊이를 제한했다. 반면 트랜스미디어는 각 채널마다 새로운 이야기의 층위를 부여하고, 관객을 단순한 수용자가 아닌 참여자로 이끌어낸다. 이야기를 '본다'에서 '건넌다', '해석한다', '경험한다'로 전환시키는 것이 바로 트랜스미디어의 핵심이다. 그 결과 트랜스미디어 콘텐츠는 소비자 충성도와 감정적 연관도를 극대화하며 강력한 바이럴 효과를 동반하게 된다.

해외에서도 트랜스미디어는 팬들에게 큰 인기를 얻고 있다. DC 코믹스는 〈배트맨〉 IP를 활용한 '파운더스 푸티지Founders' Footage' 캠페인을 통해 팬들이 대체 현실 게임 방식으로 스토리 속 음모를 추적하도록 설계했다. 이 프로젝트는 2022년 〈더 배트맨〉 개봉을 앞두고 진행되었으며, 결정적인 트리거는 영화의 엔딩 크레딧이 끝난 마지막 장면이었다. 워너브라더스 로고가 떠오른 직후, 갑자기 화면에 'www.rataalada.com'이라는 낯선 웹사이트 주소가 아주 짧은 순간 떴다가 사라지는데, 영화의 여운을 즐기고자 하는 관객은 이 순간을 포착하려고 노력했다. 극장을 나선 뒤 그들은 각자의 일상에서 영화 속에서 표현하지 못했던 이후의 세계 속으로 뛰어들게 되는 것이다.

해당 사이트에 접속하면 영화 속 캐릭터 리들러가 다시 등장해 암호화된 수수께끼를 제시하는데, 관객은 이를 해독해야만 다음 단서에 접근할 수 있었다. 가상 보도자료, 위조된 경찰 문서, 수상한 범죄 현장 사진 등이 흘러나오고, 어렵사리 단서를 모두 풀면 특별한 보상으로 리들러가 선사하는 은밀한 영상 메시지와 영화 설정에서 누락

〈더 배트맨〉 영화의 엔딩 크레딧에 숨겨진 비밀 사이트가 전 세계 팬들에 의해 바이럴 열풍을 일으켰다.

된 인물 정보, 혹은 다음 작품의 복선을 암시하는 PDF 파일들을 다운로드할 수 있었다. 일종의 해킹 시뮬레이션 같은 느낌의 구성이었다. 수백만 명의 팬들이 참여했고, 일부 온라인 퍼즐은 전 세계 팬들이 협력해 단 하루 만에 풀어낼 정도로 높은 관심을 끌었다. SNS 해시태그를 통해 자연스럽게 확산되었으며, '스토리 안으로 걸어 들어간 듯한 체험'이라는 호평과 함께 영화의 세계관을 탐색하게 만드는 사전 경험 설계로 극찬받았다.

넷플릭스도 주요 IP를 활용해 온라인-오프라인을 넘나드는 팬

참여형 스토리텔링을 실험했다. 〈기묘한 이야기〉의 경우, 'Stranger Things Experience'라는 이름으로 실제 드라마 속 호킨스 연구소를 재현한 오프라인 체험 공간을 뉴욕과 런던 등 대도시에 열었다. 관객들은 직접 극중 실험에 참여하거나 인물들과 사진을 찍는 등의 활동을 할 수 있었다. 또한 넷플릭스는 〈위쳐〉 세계관을 기반으로 한 온라인 암호 해독 게임을 선보이며, 사용자들이 전 세계에 흩어진 단서들을 찾고 해석하면서 새로운 미공개 콘텐츠를 잠금 해제하도록 설계했다. 이 시리즈는 단일 콘텐츠를 시청하는 것이 아니라, 각기 다른 디지털-현실 공간을 넘나들며 서사를 탐색하게 만드는 전형적인 트랜스미디어 전략으로 평가받았다. 뒤에서 소개하겠지만(182쪽) 넷플릭스는 아예 거대한 상설 공간 '넷플릭스 하우스Netflix House'를 구축하기에 이른다.

결국 트랜스미디어는 단순한 콘텐츠 확장이 아니라, 관객이 서사에 참여하고 직접 탐색하고 새로운 스토리를 생성해내는 시스템이다. 각기 다른 미디어는 하나의 이야기 세계를 구성하는 조각으로 작동하며, 참여자는 그 조각들을 조합하고 연결함으로써 하나의 입체적인 내러티브를 완성해나간다.

이 과정에서 관객은 스스로 세계관의 일부가 되는 인물, 즉 '이해당사자'로 전환된다. 때문에 참여자는 스토리 전개에 감정적으로 연루되고, 자신의 해석과 행동이 서사에 영향을 미친다는 인식을 갖게 된다. 이는 단순한 몰입을 넘어 충성도와 전환율을 동시에 끌어올리는 핵심 원동력이 된다.

콘텐츠는 더 이상 '보는 것'에 머물지 않고, '경험하는 것', '함께 만드는 것', 그리고 '경험에 초대하는 것'으로 진화하고 있다. 대체할 수 없는 경험으로 진화하고 있는 것이다.

이제 콘텐츠는
오프라인에서의
대체할 수 없는 경험으로
진화한다.

# 시청형 드라마에서
# 경험하는 드라마로
## : 디즈니플러스
## <나인 퍼즐>

디즈니플러스는 2025년 5월, 작품 공개와 홍보에 있어 기존과는 전혀 새로운 문법의 혁신을 시도했다. 윤종빈 감독의 오리지널 드라마 〈나인 퍼즐〉이 그 대상이었다. 이 작품은 10년 전 살인 사건을 목격한 남자와 그를 의심하는 형사를 내세워 치밀하게 얽힌 살인 사건의 진실을 추적한다. 과거 한 여성의 의문사로부터 시작된 사건이 10년 뒤 또 다른 살인 사건으로 이어지며 다시 수면 위로 떠오르자, 두 사람은 사건의 진실을 밝히기 위해 퍼즐처럼 흩어진 단서들을 하나씩 맞춰가기 시작한다. 드라마 속 사건의 실마리가 되는 것은 바로 9개의 퍼즐 조각이다.

이 이야기는 원래 스크린 위에서 펼쳐질 예정이었다. 하지만 디즈니플러스와 리얼월드는 그 퍼즐의 첫 번째 조각을 스크린 안이 아니라 스크린 밖, 바로 성수의 거리에서 발견되는 설정으로 드라마 세계를 확장하는 혁신적인 트랜스미디어 콘텐츠를 제작해보자고 의견을 모았다. 이른바 '에피소드 0'. 모든 이야기의 시작이 될 수 있는 새로운 단서를 만드는 것으로, 마치 누군가 의도적으로 드라마의 세계관을 현실 세계에 흘려 보낸 듯한 설정이었다. 아직 공개되지 않은 드라마의 세계가 화면보다 앞서 도시 속에 펼쳐졌다는 점에서 관객을 이야기의 기점으로 끌어들이는 정교한 장치처럼 느껴지도록 말이다. 사람들이 과연 이런 새로운 방식을 좋아할지, 어렵다고 느끼거나 외면하지는 않을지 걱정스럽기도 했다.

하지만 도시 전체가 퍼즐이 되던 날, 성수는 평소와는 다른 숨결로 깨어나며 엄청난 인파를 맞이했다. 그들은 〈나인 퍼즐〉의 팬도, 단순한 구경꾼도 아니었다. 그들은 '에피소드 0'의 주인공들이었다. 아직 드라마는 시작되지 않았지만, 이야기는 이미 이곳에서 시작되고 있었다. 손에 쥔 단서, 골목 어귀에 숨겨진 기호, 낯선 QR코드 뒤에 숨은 암호들. 리얼월드 성수 내에 마련된 살인 사건 현장까지. 드라마는 화면에서 흘러나오기 전, 먼저 현실을 걷기 시작했다.

그리고 놀라운 일이 벌어졌다. 에피소드 0의 배경이 되는 현장에 손석구, 현봉식 배우와 윤종빈 감독이 나타난 것이었다. 그들은 단순히 홍보를 위해 이곳을 찾은 것이 아니라 실제 에피소드 0의 단서를 찾아가는 역할로 온 것이었다. 현장에 있던 시민들은 충격에 빠졌다. 그냥 얼굴만 직접 봐도 놀라울 텐데 함께 이야기를 나누며 퍼즐을 풀어가고 있다니!

이 순간 사람들은 플레이어로 초대되어 직접 작품의 내러티브 속을 걸으며 등장인물들과 함께 단서를 찾고 퍼즐을 풀면서 자신이 이야기를 움직이는 주체가 되었다. 그 체험은 화면에서 흘러나오는 장

〈나인 퍼즐〉의 세계관을 경험하는 '에피소드 0' 콘텐츠에 직접 참여한 윤종빈 감독, 손석구·현봉식 배우.

면을 머릿속으로 그리는 것이 아니라, 직접 몸으로 부딪치고 공간을 탐색하며 기억하는 형태로 이뤄졌다. 이러한 감각의 이입은 '경험' 그 자체가 되었고, 그것은 곧 바이럴이 되었다. 그야말로 도시 공간 전체가 드라마의 세계관으로 덧입혀진 하나의 거대한 퍼즐판이었다.

SNS에는 "성수에서 손석구 봤다"는 목격담이 줄을 이었고, 리얼월드 성수의 입구는 퍼즐을 풀기 위해 모여든 사람들로 북적였다. 디즈니플러스는 콘텐츠 플랫폼인 동시에 체험을 설계하는 프로덕션이 되었고, 홍보라는 말보다 '사전 몰입형 경험'이라는 말이 더 자연스러웠다.

영상 콘텐츠를 소비하는 방식이 바뀌고 있다. 영화나 드라마는 단순히 개봉일에 맞춰 예고편을 배포하고 시사회를 여는 시대를 넘어서, 개봉 이전부터 사람들의 일상 속에 침투하고 기대감이라는 정서적 전이를 설계하는 방향으로 진화한 것이었다.

다양한 제품, 서비스, 콘텐츠를 홍보할 때 우리는 습관적으로 디지털 마케팅을 활용한다. 인스타그램, 블로그를 비롯해 각종 공개 디지털 플랫폼에 비용을 들여 광고를 집행한다. 기계적으로 콘텐츠의 노출을 일으키는 것은 쉽다. 하지만 수많은 광고 중 하나로 그칠 뿐이며 휘발성이다. 실제적인 클릭, 참여, 구매, 방문 등으로 이어져야 하지만 이는 전혀 별개의 사안이다.

하지만 '경험 마케팅'은 이야기가 다르다. 참여자 스스로 생각하고 반응하며 감정적으로 개입하는 것은 강렬하게 각인되며, 특히 그들 스스로가 바이럴의 주체가 되어 동질집단 내의 직접적인 참여를 견인한다. 때문에 최근에는 디지털 공간 대신 도시 공간에서의 유니크한 경험에 홍보를 집중하는 현상이 일어나고 있다.

이러한 변화는 '영상 콘텐츠의 미래'가 어디로 향하고 있는지를 분명히 말해준다. 그것은 콘텐츠와 시청자 사이의 벽을 허무는 시도이다. 그 경계를 허무는 방식은 스크린이 아닌 거리, 공간, 몸의 움직임을 통해 이뤄진다. 작품의 홍보가 체험형으로 바뀐 것이 아니라, 이제 영상 작품 자체가 체험형 콘텐츠가 되고 있는 것이다.

감상하고 관람하는 시기는 가고
스스로 세계관을 체험하는
경험의 시대가 도래하다.

경험하는 '드라마'
경험하는 '영화관'
경험하는 '이야기'
경험하는 '세계관'

# 마피아 게임에 시청자를 초대하다
## : <더 레지던스>

세계에서 가장 안전해야 할 공간 백악관. 철통 같은 보안과 권력의 상징으로 여겨지는 이곳에서 어느 날 밤 살인 사건이 벌어진다. 누군가가 조용히 쓰러진 순간부터 132개의 방에 머물던 모든 이들이 용의자가 된다. 대통령을 지키는 경호원부터 국빈 만찬을 준비하던 수석 요리사, 외교사절, 비서관, 청소부까지—백악관이라는 무대에 서 있는 이 많은 인물들 사이에서 진실은 어디에 숨어 있을까?

영상 곳곳에 숨겨진 단서들을 계속 파헤쳐야 하는 실사판 '마피아 게임' 〈더 레지던스〉.

이 충격적인 설정을 다룬 넷플릭스 오리지널 시리즈 〈더 레지던스〉(한국어판 제목 : 그렇게 사건 현장이 되어 버렸다)는 언뜻 정치 스릴러처럼 보일 수 있지만, 실상은 완전히 다른 장르 실험이다. 이 시리즈는 하나의 주인공도, 직선적인 플롯도 없다. 백악관이라는 미로 같은 공간에 던져진 시청자는 수많은 방을 넘나들며 조각난 단서와 인물들의 기억을 이어 붙여야 한다.

이야기는 퍼즐처럼 흩어져 있고, 진실은 여러 시점과 증언 속에 파편화되어 있다. 시간은 교차하고, 회상은 거짓을 섞으며, 진술은 서로를 모순되게 만든다. 시청자는 능동적인 탐험자로서 방과 방 사이를 오가며 추론하고 대화하며 스스로 이야기를 완성해간다.

〈더 레지던스〉는 그 자체로 '조립하는 콘텐츠'다. 이야기를 순서대로 따라가는 것이 아니라, 인물들의 말과 행동, 표정과 침묵을 통해 단서를 추출하고, 감춰진 동기를 파악하고, 서로 다른 조각들을 결합해 하나의 큰 그림을 그려야 한다. 그리고 이 과정은 다른 시청자들과 함께 의견을 나누며 추리하고 분석하는 '집단적 추론의 체험'으로 이어진다.

그 점에서 〈더 레지던스〉는 실사판 마피아 게임이라 불릴 만하다. 등장인물 모두가 용의자이고, 모두가 무언가를 감추고 있다. 시청자는 마치 게임 참가자처럼 의심하고 추리하고, 때로는 자신이 잘못 판단했음을 뒤늦게 깨닫기도 한다. 이러한 몰입과 반전, 심리적 추론의 구조는 하나의 '참여형 이야기'로서 이 콘텐츠를 규정짓는다.

이런 구조의 콘텐츠들을 시청자들은 어떻게 받아들일까? 친절히 떠먹여주는 콘텐츠에 비해 사건을 재조합해서 살펴보아야 하고 숨겨진 단서들, 거짓 진술들을 계속 파헤쳐야 하는 불친절함이 어렵고 머리 아프다고 외면받지 않을까? 전혀 아니었다. 〈더 레지던스〉는 공개 직후 미국 넷플릭스 TV 시리즈 부문 상위권에 올랐으며, '로튼토마토Rotten Tomatoes'와 '메타크리틱Metacritic' 등 주요 비평 지표에서도 관객과 평단 모두로부터 극찬을 받았다. "끝까지 범인을 알 수 없었다", "심리 추론 게임을 보는 듯했다" 등의 반응이 이어졌다. 미국뿐 아니라 영국, 독일, 캐나다 등에서도 넷플릭스 Top 10에 오르며 '체험형 서사 콘텐츠'의 성공 가능성을 입증했다.

넷플릭스는 〈더 레지던스〉를 통해 시청자를 이야기의 내부로 초대해 그 안에서 스스로 움직이며 감정을 겪고 결론을 만들어가는 능동적 주체로 전환시킨다. 이 같은 흐름은 넷플릭스가 최근 강화 중인 '리얼 플레이형 콘텐츠' 전략의 일환이다. 특히 〈나이브스 아웃〉과 〈나이브스 아웃:글래스 어니언〉 같은 추리 기반 콘텐츠들은 2025년 개관 예정인 오프라인 체험 공간 '넷플릭스 하우스'의 핵심 콘텐츠로 자리 잡을 예정이다.

넷플릭스 측은 이를 통해 시청자들이 실제 공간에서 해당 IP를 배경으로 '조사하고 추론하며 플레이할 수 있는 몰입형 미스터리 경험'을 하게 될 것이라고 설명한다. 이는 넷플릭스가 기존 OTT 플랫폼에서 경험 기반 IP 비즈니스로 확장하려는 전략의 핵심이며, 〈더 레지던스〉는 그 변화의 신호탄이자 시범 사례라 할 수 있다. 〈더 레지던스〉는 이 흐름의 최전선에서 시청자가 직접 조립하고 완성하는 이야기의 한 축을 담당한다.

〈더 레지던스〉는 지금 시청자 어떤 방식으로 이야기를 소비하고 싶은지를 명확히 보여준다. 시청자는 이제 사건의 결말만을 바라보지 않는다. 그 속에서 움직이고, 탐색하고, 타인의 시선을 따라가며 관계의 틈새에서 새로운 의미를 찾는다. 서사는 더 이상 단순한 일방향, 선형이 아니라 인터랙티브하고 가변적이다.

핵심은 넷플릭스도 이제 '선택을 주는 이야기'에서 '해석하게 만드는 이야기', '이야기 속을 걷게 만드는 공간'으로 전략을 다변화하며, 콘텐츠를 경험하고 즐기는 방식으로 지평을 넓혀가고 있다는 것이다. 참여자의 선택이 이야기를 바꾸고, 그 변화가 또 다른 감정과 의미를 만든다.

세계 최고의 콘텐츠 기업이 제시하는
콘텐츠의 미래

"이제 시청자들은 실제 오프라인 공간에서
해당 IP를 배경으로 조사하고 추론하며 플레이할 수 있는
몰입형 미스터리 경험을 하게 될 것입니다.
넷플릭스 하우스에서 말이죠."_Netflix

# 넷플릭스 하우스, 경험을 판매하는 LBE 사업을 시작하다

넷플릭스 오리지널 〈오징어 게임〉은 설명이 필요 없는 전 세계적인 히트작이다. '무궁화꽃이 피었습니다'의 멜로디에 세계인이 숨을 멈췄고, 트레이닝복과 가면은 전 세계 파티의 필수 아이템이 되었다. 넷플릭스는 이제 질문을 던진다. 만약 〈오징어 게임〉의 세계를 실제 공간에서 체험할 수 있다면? 참가자 번호가 적힌 유니폼을 입고, 상징적인 초록 트레이닝복을 구매하고, 게임 속 공간을 직접 걸으며 미션을 수행할 수 있다면 사람들은 어떤 선택을 할까?

대답은 명확하다. 사람들은 '그 안으로 들어가는 것'을 원한다. 이야기를 소비하는 데서 멈추지 않고, 그 안을 걷고 체험하고 소유하고 싶어 한다. 넷플릭스는 이런 욕구를 읽고 있다. 그래서 넷플릭스는 지금, 콘텐츠의 세계관을 온라인을 넘어 오프라인 '공간'으로 확장하고 있다. 그것이 바로 '넷플릭스 하우스'이다.

2025년 연말, 넷플릭스는 미국 펜실베이니아주의 필라델피아와 텍사스주 댈러스에 상설 오프라인 체험 공간인 '넷플릭스 하우스'를 공식 오픈할 예정이다. 댈러스에는 〈오징어 게임〉과 〈기묘한 이야기〉를, 필라델피아에는 〈웬즈데이〉와 〈원피스〉를 핵심으로 런칭하는데, 이 공간은 단순한 팝업스토어나 일회성 이벤트가 아닌, 지속적으로 운영되는 몰입형 콘텐츠 복합문화시설로 설계되었다. 넷플릭스는 공식적으로 이를 'LBE 기반의 새로운 수익 모델이자 브랜드 경험의 핵심 거점'으로 보도했다.

넷플릭스 하우스는 일반적인 테마파크보다 소규모지만, 쇼핑몰이나 도심형 복합문화공간처럼 다양한 콘텐츠 체험 공간을 집약한 형태로 설계된다. 시리즈 기반의 체험존, 관련 음식을 판매하는 테마 카페, 실시간 미션을 수행할 수 있는 리얼 게임존, 포토존과 몰입형 전시, 인터랙티브 디지털 콘텐츠까지 모두 한 공간에 담긴다. 일부 콘텐츠는 AR·VR 기술을 접목한 확장 현실 기반 체험형 콘텐츠로도 개발될 예정으로, 그야말로 피지털 플랫폼을 표방한다.

2025년 11월 오픈 예정인 넷플릭스 하우스 필라델피아.

넷플릭스는 "이제 시청자는 스크린 속이 아닌 현실에서 콘텐츠를 걷고 만지고 느낄 수 있어야 한다"며, 디지털 플랫폼에서 '공간 기반 브랜드'로의 전환을 본격화하고 있다. 넷플릭스 하우스는 전 세계적 반향을 일으킨 오리지널 IP 〈기묘한 이야기〉, 〈종이의 집〉, 〈브리저튼〉, 〈오징어 게임〉, 〈더 레지던스〉 등에서 '부족한 고리'를 실감형 공간으로 채우려는 시도이다.

관람객은 넷플릭스 하우스에서 자신이 사랑한 콘텐츠의 세계관 속으로 직접 들어갈 수 있다. 예를 들어 〈나이브스 아웃〉이나 〈나이브스 아웃 : 글래스 어니언〉은 실시간 단서 수집과 팀 추리 요소를 갖

2025년 12월 오픈 예정인 넷플릭스 하우스 댈러스.

춘 추리 게임 콘텐츠로, 〈오징어 게임〉은 생존 경쟁형 피지컬 게임과 스토리 기반 경험 콘텐츠로 구현될 예정이라고 한다. 또한 시리즈 속 음식과 굿즈를 직접 구매하거나 체험할 수 있는 스토어와 카페, 전시, 테마존이 함께 구성된다.

넷플릭스는 이미 한국, 브라질, 프랑스, 영국 등지에서 팝업 전시나 체험 이벤트를 성공적으로 운영한 바 있다. 하지만 넷플릭스 하우스는 팝업의 한계를 넘는 상시 운영 모델이며, '브랜드가 공간에 존재하는 방식'을 정의하려는 본격적인 실험이다. 넷플릭스의 최고 마케팅 책임자CMO 마리안 리Marian Lee는 공식 발표에서 "넷플릭스 하우스는 우리가 만든 세계관 안에서 팬들이 진짜로 움직이고 먹고 사고 대화할 수 있는 공간이 될 것"이라고 밝혔다.

이러한 시도는 넷플릭스가 OTT 기업을 넘어 글로벌 콘텐츠 기반 LBE 브랜드로 확장하려는 의지를 보여주는 것이다. 오프라인 공간은 팬덤을 집결시키는 허브이며, IP의 라이프사이클을 확장하고, 넷플릭스가 만든 '경험 가능한 이야기'를 실감형 자산으로 전환하는 핵심 거점이 된다.

현재까지 공개된 계획만으로도 SNS와 팬 커뮤니티의 반응은 벌써 뜨겁다. "가보고 싶다", "진짜 오징어 게임 체험할 수 있는 거야?", "넷플릭스 세계관에 입장하는 느낌일 듯" 등의 기대감으로 반응하고 있다. 특히 콘텐츠를 넘어 실제 장소에서 이야기 속 인물처럼 행동할 수 있다는 것은 기존 팬들에게는 큰 충성심을 유도하고, 새로운 관객에게는 IP 입문 경로가 될 수 있다.

넷플릭스는 첫 번째 넷플릭스 하우스의 반응을 분석한 뒤, 이를 미국 내 다른 대도시 및 주요 글로벌 콘텐츠 소비 국가로 점진적으로 확장할 가능성을 시사했다. 관련 업계와 해외 매체 보도에 따르면, 넷플릭스는 장기적으로 '지역별 맞춤형 IP 체험 공간'을 구축하는 다중 확장 모델을 검토 중이라고 한다. 향후 한국, 일본, 영국, 프랑스, 브라질 등 넷플릭스 이용률이 높은 국가들이 우선 대상이 될 가능성이 크다. 이렇듯 넷플릭스 하우스는 OTT 시대 이후의 콘텐츠 소비 방식, 그리고 브랜드가 어떻게 팬과 함께 살아갈 것인가에 대한 매우 흥미로운 해답이 될지도 모른다.

# 100번을 봐도
# 새롭다
## : 이머시브 다시점 연극

매일 저녁, 중국 상하이 징안구의 한 거리에는 기묘한 광경이 펼쳐진다. 수백 명의 사람들이 '매키넌 호텔McKinnon Hotel'의 낡은 건물 앞에 길게 줄을 서서 무언가를 기다리는 듯한 모습이다. 그냥 보면 호텔인지 클럽인지 전혀 알 수가 없다. 눈길을 사로잡는 광고 하나 없다. 현대화된 상하이의 주요 빌딩에 비해 이곳은 1930년대에서 시간이 멈춘 듯 낡은 외관을 보여준다. 굳게 닫힌 문, 그리고 새어 나오는 몽환적인 음악만이 그 안에서 무슨 일이 벌어지고 있음을 암시할 뿐이다. 필자도 처음 이곳을 찾았을 때는 '여기가 맞나?' 하는 의구심이 들었다.

정체를 알 수 없는 낡은 호텔 로비가 입장을 기다리는 사람들로 가득하다.

이곳은 바로 관객이 주인공이 되는 세계적인 이머시브 연극 〈슬립노모어Sleep No More〉의 배경이 되는 가상의 공간 매키넌 호텔이다. 5층 규모의 거대한 공간 안에 90개가 넘는 방과 비밀스러운 복도로 이루어진 미로. 낡은 가구와 소품, 희미하게 울리는 음악, 그리고 어디선가 풍겨오는 낯선 향기가 감각을 자극하며, 마치 꿈속을 헤매는 듯한 몽환적인 분위기를 자아낸다. 1930년대 필름 누아르풍의 어두운 미학과 셰익스피어 비극, 그리고 중국 설화 〈백사전〉의 신비로운 요소가 기묘하게 어우러진 이곳에는 화려한 샹들리에가 늘어진 호텔 로비, 붉은 벨벳 커튼이 드리워진 침실, 낡은 가죽 소파와 술병이 놓인 바, 그리고 면도칼과 가위가 어지럽게 널린 바버샵이 있다. 그뿐 아니다. 고풍스러운 타자기가 놓인 서재에서는 핏자국이 묻은 원고가 나뒹굴고, 낡은 수술 도구가 놓인 비밀스러운 병원에서는 의사와 간호사들이 기괴한 실험을 벌이는 듯하다. 붉은 조명 아래 팜므 파탈이 뇌쇄적인 춤사위를 선보이는 카바레 무대, 그 옆방에서는 한 남자가 권총을 들고 누군가를 위협하고 있다. 괴이한 가면들이 전시된 수집가의 방에서는 가면 속에 숨겨진 인간의 욕망이 드러나고, 으스스한 분위기의 지하 묘지에는 막 숨을 거둔 듯한 시신들이 즐비하다. 90개가 넘는 방들은 각기 다른 테마와 분위기로 연출되어, 관객들을 1930년대 상하이의 다양한 공간과 이야기 속으로 끌어들인다.

〈슬립노모어〉는 흔히 알고 있는 연극이나 뮤지컬과는 완전히 다르다. 무대와 관객석이 분리된 게 아니라 호텔 전체가 무대다. 내가 어디에 서 있는지에 따라, 누구를 만나고 어떤 선택을 내리는지에 따라 이곳의 이야기는 무한대로 달라질 수 있다. 한 번만으로는 전체 이야기를 이해하는 것이 불가능하며 100번을 봐도 새롭다. 실제로 우리 회사의 한 직원은 무려 120번이나 관람했다고 한다. 상하이를 한 번 다녀오는 데만 100만 원이 넘게 들 수도 있는데 그렇다면 월급의 대부분을 이 공연을 경험하는 데 쓰는 셈이다. 도대체 그 매력은 무엇일까?

관객들은 입장하면 곧바로 짐을 맡기고 휴대전화도 봉인하게 되는데, 이때 직원이 관객에게 하얀색 가면을 건넨다. 이 가면은 매키넌 호텔의 투숙객이 되는 관객의 새로운 상징이다. 가면을 얼굴에 얹는 순간, 관객은 투명 인간으로 간주되어 호텔의 비밀스러운 세계를 자유롭게 탐험할 수 있는 자격을 얻게 된다. 사실 가면은 내가 현실 세계에서 쓰고 있던 페르소나를 지우는 의미이다. 실제로 가면을 쓰는 순간 불편함도 있지만, 낯선 해방감과 함께 꿈과 현실의 경계에 놓인 듯한 몽환적인 분위기 속에 자연스럽게 스며드는 느낌을 갖게 된다.

가면을 쓴 수백 명의 방문객은 먼저 근대 중국의 어느 재즈바로 안내된다. 붉은색 조명과 몽환적인 음악이 흐르는 가운데, 매혹적인

관객은 배우들의 숨소리, 눈빛 하나하나까지 함께 호흡하며 압도적인 몰입감을 경험한다.

재즈 공연이 펼쳐진다. 관객들은 자유롭게 칵테일을 홀짝이거나 댄서들의 화려한 공연과 몸짓을 감상하며 즐기면 된다. 이때만 해도 재즈 공연을 즐기는 이색 공간인가 하는 궁금증이 일어날지도 모른다. 그런데 잠시 후 붉은 드레스를 입은 뇌쇄적인 느낌의 여성이 무대 중앙에 등장하더니 손에 든 트럼프카드를 들어 올린다. 트럼프카드는 관객들이 입장할 때 받는 것이기도 하다. 제시된 트럼프카드와 일치하는 것을 들고 있던 사람들 20, 30명이 그녀의 안내에 따라 재즈바 뒤쪽에 있는 낡은 엘리베이터로 안내된다. 아직 아무 일도 일어나지 않았는데 현장에 있던 나는 알 수 없는 긴장감과 호기심으로 가슴이 두근두근했다.

이내 엘리베이터 문이 열리고 관객들은 좁은 공간에 갇힌 채 알 수 없는 층으로 향한다. 침묵이 가득한 엘리베이터 안에는 긴장감만이 흐른다. 얼마쯤 올라간 후에 문이 열리고, 내릴지 말지 망설이고 있을 때 안내 여성이 먼저 내린다. 엘리베이터 안에 있는 나를 빤히 쳐다보더니 내리라는 신호를 준다. 함께 온 일행도 있는데 저항하지 못한 채 무리로부터 벗어나 홀로 낯선 층에 내던져지고, 나머지 사람들은 이내 엘리베이터를 타고 올라가버린다. 이곳이 어디인지 전혀 알 수가 없다. 어두침침한 조명, 옛날 홍콩 누아르 영화에서 본 적이 있는 홍등가 같은 좁은 골목 어딘가였다. 이렇게 내동댕이쳐지는 듯한 느낌… 생애 처음으로 느껴보는 당혹스러움이 온몸을 덮쳤다. 어떻게 해야 하지? 다시 엘리베이터를 타야 하나? 골목길을 따라 가봐야 하나? 무슨 사건이 생기는 건가? 아무것도 알 수 없었다.

그때였다. 갑자기 어떤 남자가 머리에 피를 흘리며 쏜살같이 나를 지나쳐 골목 반대편으로 사라졌고 이내 수십 명의 사람들이 그를 따라 우르르 쫓아가고 있었다. 다시 한번 충격에 빠졌다. 저 사람들을 따라가야 하나? 아무도 내게 가이드를 주지 않았다. 그랬다. 사실 나는 난생처음으로 어떤 이야기의 주인공이 되는 경험을 하고 있던 것이었다. 지금 나는 '선택을 내려야 하는' 지점에 서 있었고 어떤 선택을 하든 나의 자유인 곳에 있었다. 그리고 이후에 만난 순간들은 광기 그 자체라고 해도 과언이 아닐 정도로 내 상상을 아득히 뛰어넘는 경험이었다. 시선만 돌리면 즉시 빠져나올 수 있던 디지털 경험과 달리, 그 이야기 속에 존재하는 진짜 경험 세계에서는 충격과 공포 그 자체를 제대로 느끼게 된다.

'이머시브 공연'이란 관객이 공연의 일부가 되도록 구성하는 '다시점(多視點) 공연'을 말한다. 기존의 공연이 무대와 객석으로 나뉘어 배우의 연기를 일방적으로 관람하는 형태였다면, 이머시브 공연은 이야기가 펼쳐지는 공간 전체가 무대로, 관객이 직접 극의 공간을 탐험하고 배우와 상호작용 하며 자신만의 이야기를 만들어가는 것을 지향한다. 즉 관객과 배우의 경계가 허물어진다는 특징이 있다. 배우들은 정해진 대사가 아니라 오직 몸짓과 표정, 그리고 눈빛으로 감정을 전달하며 시시각각 벌어지는 상황에 맞는 대사와 행동을 한다. 관객은 그들의 움직임을 쫓고 그들과 상호작용 하며 자신만의 이야기를 만들어간다. 때로는 배우가 당신의 손을 잡고 이끌거나, 당신에게 무언가를 속삭이거나, 당신과 단둘이 춤을 추는 특별한 순간이 펼쳐지기도 한다. 예상치 못한 '간택'은 관객에게 잊을 수 없는 전율과 감동을 선사하며, 이야기에 더욱 깊이 몰입하게 만드는 촉매제가 된다. 관객이 열광하는 것 중의 하나는 배우에게 간택될 때 아무나 들어갈 수 없는 특별한 방을 경험할 수 있다는 것이다. 그곳에서 관객은 배우와 더욱 친밀한 교감을 나누고, 그들의 숨겨진 비밀을 엿듣고, 그들의 가장 내밀한 감정을 공유하는 특별한 경험을 하게 될지도 모른다. 앞서 소개한 '시크릿 시네마' 역시 이머시브 공연으로 영화 IP를 활용한 콘텐츠로 접근하는 반면, 〈슬립노모어〉는 한 편의 오리지널 연극에 가까운 형태를 지향한다.

이머시브 공연은 공감각적인 경험을 제공하며, 관객을 이야기에 완전히 몰입시켜 잊을 수 없는 추억을 선사한다. 관객들은 처음에 필자가 경험했던 것처럼 낯선 곳에 홀로 남겨진 당혹감과 불편함을 느끼지만, 동시에 그만큼 더욱 강렬한 호기심과 탐험심을 자극받는다. 정해진 이야기는 없다. 관객은 오직 발걸음이 이끄는 대로 호텔을 탐험하며 숨겨진 단서를 발견하고, 등장인물들의 감정을 따라가며 자신만의 독특한 서사를 만들어가게 된다. 이 과정에서 관객은 극의 일부가 되어 배우들과 함께 호흡하고, 때로는 그들의 이야기에 직접적으로 영향을 미치기도 한다. 그래서 매 순간 예측 불가능한 서프라이즈와 감동으로 가득 찬 경험을 즐기게 된다. 또한 여러 개의 공간에서 동시다발적으로 이야기가 진행되기 때문에 관객들은 어디에 있는지에 따라, 누구를 따라가고 어떤 행동을 하느냐에 따라서 전혀 다른 경험을 하게 된다. 한 번의 관람만으로는 절대 전체 이야기를 이해할 수 없다. 여러 번 관람하면 할수록 더욱 입체적으로 이야기를 이해하게 되는데, 관람할 때마다 매번 다른 감정을 경험하게 된다. 우리 회사 직원이 100번 넘게 이 공연에 참여했던 것도 이런 이유 때문일 것이다.

〈슬립노모어〉는 침체되었던 지역에 활력을 불어넣고, 새로운 문화 트렌드를 창조하는 도시 재생의 촉매제가 되었다. 2011년 미국 뉴욕 첼시에서, 중국 상하이에서는 2016년에 개장하여 현재까지 총 300만 명 이상의 관객 수를 기록하고 있으며, 상하이의 경우 5억 6천만 위안(약 1천억 원)의 매출을 올렸다. 〈슬립노모어〉는 두 도시의 도시 재생과 문화 산업에 새로운 활력을 불어넣는 역할을 했다는 평가도 받는다. 뉴욕 공연장인 매키트릭 호텔이 위치한 첼시는 과거 낙후된 창고 지역이었으나, 공연 이후 젊은 층과 관광객이 몰리면서 주변 상권이 활성화되었다. 호텔 내부의 바와 레스토랑, 클럽 등은 공연 관람객뿐 아니라 일반 시민들에게도 인기 있는 장소가 되었으며, 이는 첼시 지역의 부동산 가치 상승에도 기여했다는 분석이 있다.

상하이에서도 매키넌 호텔은 징안구의 새로운 문화 중심지로 떠올랐다. 공연장 주변에 고급 레스토랑, 쇼핑몰, 호텔 등이 들어서면서 징안구는 새로운 관광 명소로 부상했다. 매키넌 호텔은 상하이를 대표하는 독특한 문화 공간으로 자리매김하며 상하이라는 도시의 문화적 매력을 한층 더 끌어올리는 역할을 했다. 이를 통해 상하이 시민들에게 자부심을 선사하며 도시의 새로운 랜드마크로 자리 잡았다.

〈슬립노모어〉 이머시브 공연의 성공은 단순히 새로운 형태의 공연을 선보인 것을 넘어, 엔터테인먼트, 관광, 지역 개발의 패러다임을 바꾼 혁신적인 사건으로 평가받고 있다. 콘텐츠 하나의 매출이 영화관 등 멀티플렉스 기업 전체의 매출과 견줄 정도이며, 주변 상권과 부동산 등에 미치는 파급 효과까지 상당하기 때문이다. 디지털이 대체할 수 없는 것이 바로 '경험'이라는 점, 경험은 그 자체로 종합 산업으로서 영향을 미친다는 점이 다시 한번 확인된 셈이다. 이처럼 엔터테인먼트의 미래는 직접 경험하고 참여하는 것이다.

경험으로

교육을 혁신하다.

## 제4장

# 교육의

# 미래

교육은 오랫동안 읽고 듣고 외우는 방식으로 이루어졌다. 교과서는 지식을 담은 일방향의 전달 도구였고, 교실은 그 지식을 주입하는 공간이었다. 교사는 지식의 유일한 전달자, 학생은 수동적 수신자였다. 시대의 변화에 발맞춰 교육은 다양한 시도를 하고 있으나, 여전히 껍데기만 바뀐 채 본질은 그대로다. 미래를 향해 나아가는 듯 보이지만 실은 과거의 틀을 벗어나지 못한 채 유행을 쫓는 데 급급하다. 메타버스가 화두가 되면 체험실부터 만들고, 메이커 스페이스가 유행하면 일단 3D 프린터를 갖춰놓고 본다. 4차 산업혁명이라는 이름 아래 곳곳에 전시용 공간들이 생겨나고 코딩 수업을 도입했지만, 수십 년 전 주판알을 튕기며 단순 계산을 연습하던 때와 크게 다르지 않다. 겉모습은 달라졌어도 그 안을 채울 이야기와 맥락은 여전히 비어 있는 것이다.

그리고 지금 AI 시대가 도래하자 모든 학교는 또다시 앞다투어 AI 관련 도구와 기술을 가르치는 교육을 도입하고 있다. 다양한 AI 교육 커리큘럼이 생겨나고 있으며, 데이터 분석, 생성형 AI 활용, AI 윤리, 프롬프트 작성법 등 분야도 폭넓다. 하지만 도구 사용법을 익히는 데 그치는 경우가 태반이다. 아이들이 처음 말을 배우기 시작하면서 사고의 폭발을 경험하듯, AI 도구 활용의 핵심으로 아이들의 호기심과 다양한 시도를 촉발시키는 지점을 만들어야 하건만, 무엇을 어떻게 담아야 할지 역부족인 현장이 많다.

하지만 다행스럽게도 새로운 차원의 교육 역시 펼쳐지고 있다. 책 속 문장을 따라 읽는 것이 아니라, 마치 소설 속에 뛰어든 듯 이야기의 주인공이 되어 그 흐름과 결말을 함께 만들어가는 몰입형 체험으로 변모하고 있다. 피지털 기술이 더해지면서 하나의 역사적 사건이 텍스트가 아니라 현장으로 재현되고, 학생은 관찰자가 아닌 참가자가 되어 그 속으로 걸어 들어간다. 단순히 암기하던 독립운동이 실제 암호를 해독하고 특명을 수행하는 나만의 임무로 다가오고, 주체적으로 선택하고 행동하는 과정에서 '그때 그 장소'가 살아 숨 쉰다. 이런 교육은 학습의 차원을 넘어서, 그것이 진짜 필요한 맥락 속에 들어가 스스로 체득하게 만드는 살아 있는 배움이다. 머리로 암기하는 것이 아니라, 몸으로 경험하고 감정으로 받아들이며 내면화하는 과정이다.

아이들 스스로 역할과 서사를 만들어내는 교육의 변화도 일어나고 있다. AI 기반의 저작 도구와 인터랙티브 콘텐츠 제작 도구들이 아이들 손에 쥐어지고, 아이들은 단지 학습하는 존재가 아니라 배움을 창조하고 사람들을 초대해 또 하나의 교육의 장을 만드는 창작자가 되어가고 있다. 지금 필요한 것은 기술 그 자체가 아니라, 그 기술을 통해 무엇을 창조하고 어떤 경험을 만들어갈 것인가 하는 질문이다. 새로운 시대의 언어를 배우는 데 그치지 않고, 그 언어로 나만의 세계를 구성하고, 함께 살아갈 이야기를 만들어내는 주체로 성장해야 한다.

이 장에서는 그런 새로운 교육 현장들의 변화를 살펴보고자 한다. 교실의 틀을 넘고, 지식의 전통적인 전달 방식을 해체하며, 배움이 어떻게 사람을 움직이고 시대를 바꾸는 살아 있는 힘으로 다시 태어나는지를 보여줄 것이다.

# 특명:
## 독립자금을
## 안전하게 전달하라!
# 도시가
# 게임의 무대가 되다

'역사를 잊은 민족에게 미래는 없다'라는 말로 역사 교육의 중요성을 강조하지만, 학생들에게 역사는 그 중요성보다 달달 외워야 하는 시험 과목으로 받아들여지는 것이 현실이다. "3·1절이 어떤 날이냐?"고 물었더니 "삼점일절"이라고 답한 학생이 있는가 하면, "이완용이 누구인지 아느냐?"는 질문에는 "이환용이라고요?", "일제를 추방한 분 아니에요?"라고 되묻는 모습에 많은 이들이 충격에 휩싸이기도 했다. 우리가 물려주어야 할 가장 소중한 미래 자산이 어느새 학생들의 머릿속에서 뒷전으로 물러나고 있는 것이다.

왜 이렇게 된 것일까? 교육은 여전히 당위성과 의무만을 강조하며, 학생들을 역사 속 주인공으로 만드는 대신 마치 역사의 책임을 짊어진 사람처럼 그 내용을 외우게만 한다. 흥미는 사라지고 의무감만 남은 수업은 점점 더 멀어지기 쉽다. 하지만 만약 역사가 게임보다 더 재미있다면 어떨까? 그저 교과서에만 존재하는 이야기가 아니라, 그 속의 주인공이 되어 직접 역사를 체험하고 몰입하며 즐길 수 있다면? 바로 이 지점에서 교육의 새로운 혁신 가능성이 열린다.

어느 평범한 날, 전화 한 통이 걸려왔다. 수화기 너머의 목소리는 낮고 조용했지만 단호했다.

"대한제국 시대는 끝났소. 이제 그대의 손에 이 나라의 역사와 미래가 달려 있습니다. 나라를 지켜내고자 하는 국민의 바람이 헛되지 않도록 독립자금을 무사히 전달해주시오!"

일제 강점기라는 암흑의 시대를 살아가는 누군가가 현재에 있는 당신에게 차원의 경계를 통해 연락을 해왔다. 만약 당신이 이 요청을 수락한다면 지금부터 숨 막히는 작전이 펼쳐지게 된다. 시작할 것인가, 외면할 것인가?

이 이야기는 임시정부수립 100주년을 기념하여 리얼월드와 문화체육관광부가 공동으로 만든 대국민 역사 체험 콘텐츠 '정동밀서'의 일부분이다. 과거 '작전명 소원'이라는 이름으로 첫 선을 보인 이 콘텐츠는 비밀요원이 되어 일제의 감시망을 피해 독립자금을 전달하는 임무를 수행하는 도심형 미션 게임이다.

참가자들은 1910년대 정동과 광화문 일대를 배경으로 실제 공간을 탐색하며, 마치 독립운동 단체의 일원처럼 미션을 수행하게 된다. 앱을 통해 지령을 받고, 정동길과 덕수궁 돌담길, 서울시청 일대, 광화문 인근의 실존 장소를 따라가며 암호와 단서를 해독한다. 스마트폰 앱을 보며 현장의 지형과 건물을 관찰하고 안내받은 장소에서 비밀리에 단서를 수집한다. 도시 전체가 하나의 '거대한 작전 무대'처럼 작동하는 것이다.

대한독립 역사의 주인공이 되어 미션을 수행하는 가족.

작전은 총 5개의 미션으로 구성된다. 여정의 시작은 서울도시건축역사관 앞. 참가자는 QR코드를 스캔하며 100년 전 조선이 직면한 위기를 알리는 음성 메시지를 듣는다. 이때부터 참가자의 정체는 비밀 임무를 띤 요원으로 전환된다. 두 번째 미션은 서울주교좌성당 일대에서 펼쳐진다. 여러 지점에 흩어진 QR코드를 찾아 스캔하고, 단서가 되는 단어들을 모은 뒤 AR 영상을 통해 그 의미를 해석해야 한다. 이 과정은 마치 독립운동가들이 은밀히 정보를 교환하던 순간을 체험하는 듯한 느낌을 갖게 한다.

세 번째 미션은 '잠입 루트 개척'. 참가자는 일제의 감시망을 피해 우회 경로를 따라 정동길을 조심스레 이동해야 하며, 지도와 주변 상황을 분석해 최적의 루트를 스스로 판단해야 한다. 네 번째 미션은 덕수궁 중명전에서 벌어진다. AR 카메라를 이용해 고종의 어새가 조작되었음을 확인하고, 진짜 밀서가 숨겨진 장소를 밝혀내야 한다. 역사의 진실과 조우하는 순간이기도 하다. 마지막 미션은 '전달'. 정해진 장소에서 정체불명의 인물에게 밀서를 넘기는 순간, 공간에 울려 퍼지는 김구 선생의 육성. 그 목소리는 참가자에게 지금 우리가 살아가는 시대에도 여전히 필요한 용기와 결단에 대해 조용히 묻는다. 작전은 그렇게 끝이 나지만, 마음속에는 새로운 사명이 시작된다.

얼핏 영화 속 장면 같지만 리얼월드 실감기술 플랫폼으로 누구나 할 수 있는 경험이다. 미션마다 참여자는 스마트폰을 통해 AR로 구현된 단서를 마주하고, 현장에 부착된 NFC 태그나 QR코드를 통해 정보와 지시를 획득한다. 그리고 매 미션 종료 후, 실제 역사적 사건에 기반을 둔 짧은 음성 메시지를 들으며 당시 상황을 간접 체험할 때면 몰입도가 극대화된다. 게임을 하며 참가자는 누군가의 감시를 받는 듯한 긴장감을 안고 행동해야 하기에 진짜 요원이 된 기분을 느낀다.

해당 콘텐츠를 체험한 어느 블로거는 "덕수궁 돌담길을 걷는 내내, 이 길이 이렇게 긴장감 넘치는 공간이 될 수 있다는 것이 놀라웠다. 도시가 낯설게 느껴질 정도였다"고 표현했다. 또 다른 참여자는 "단서 해독을 못 해서 한참을 헤맸는데, 결국 마지막 밀서를 전달했을 때의 성취감은 지금까지 한 어떤 게임보다도 컸다"고 전했다.

정동밀서는 하나의 플레이어블한 콘텐츠로서 과거와 현재, 현실과 픽션, 놀이와 기억을 오가는 교차점에서 도시를 활용한 살아 있는 서사를 제공했다. 특히 마지막 장소인 경교장에서 밀서를 성공적으로 전달한 후, 참가자는 이 모든 작전을 지휘했던 비밀요원이 사실 김구였다는 사실을 알게 된다. 김구의 목소리로 "나라를 지키는 힘은 평범한 사람들에게서 나온다"는 메시지를 듣는 순간 많은 참여자들이 그 자리에서 눈시울을 붉히며 자리를 떠나지 못하기도 했다. 김구의 호 '백범(白凡)'의 뜻이 '평범한 사람'이라는 사실도 새롭게 알게 되면서 지식과 감동을 가슴 깊이 새기는 경험도 얻는다.

정동밀서는 교육 현장에서도 큰 반향을 일으켰다. 공개 직후 한 달 만에 5만 3천 명이 참여할 정도로 일반 시민들의 큰 호응을 얻은 데 이어, 전국의 학교와 청소년 단체들에서도 이 프로그램을 찾기 시작했다. 정동길, 덕수궁 돌담길, 주교좌성당, 경교장 등 역사적 현장을 직접 누비며 미션을 수행하는 과정은 학생들에게 스스로 사고하고 감정 이입하며 배우는 살아 있는 수업이 되었다. 아이들은 비밀요원이 되어 암호를 풀고, 잠입 경로를 찾으며, 마지막 밀서를 전달하는 순간 독립운동가들의 용기와 결단을 온몸으로 체험했다. 이것이 바로 교실 안 수업으로는 결코 대체할 수 없는 체험형 역사 교육의 가치이다.

색다른 배움을 경험한 학생들의 생생한 후기도 이어졌다. 한 중학생은 "교과서에서만 보던 인물들을 실제 공간에서 만나니 역사가 진짜처럼 다가왔다"고 말했고, 또 다른 학생은 "독립운동가들이 우리를 위해서 얼마나 열심히 살았는지 이해할 수 있었다"고 전했다. 교사들도 "아이들이 스스로 뛰어다니며 역사를 배우는 모습이 인상적이었다"고 평가했다.

기술이 대체할 수 없는 것은 바로 감정이고, 그 감정을 창출하는 것은 진짜 경험이다. 그리고 이 경험은 혼자서가 아니라 함께 즐길 때 극대화되며 사람들의 선택을 불러 일으킨다. 가상 공간보다 현실 공간, 우리가 살아가는 도심이야말로 경험의 최적의 플랫폼이다.

게임보다 더 재미있는 역사,
이 지점에서 교육의 새로운 가능성이 열린다.

역사를
플레이하다,
**120만 권 판매**된
**역사게임북**의 성공

요즈음 사람들은 더 이상 책을 통해 지식을 얻지 않는다. 특히 역사책은 역사적 사건을 시간 순서대로 나열한 연표로 인식되어 점차 독자들의 관심에서 멀어졌다. 학교에서 시험을 위한 암기 위주의 역사 교육을 오랫동안 받아 왔던 터라, 역사 콘텐츠 역시 웬만해서는 사람들의 흥미를 끌지 못했다. 게다가 활자의 매력은 영상이나 게임 같은 감각적인 미디어에 밀려 점점 더 설 자리를 잃고 있다.

그런데 중국에서 한 권의 책이 그 관념을 완전히 바꾸어버렸다. 역사란 재미없는 것이라는 고정관념에 균열을 낸 책, 바로《미궁·여의림랑도첩》이다. 2018년 말 처음 출간된 이 책은 역사서이면서도 퍼즐과 추리, 그리고 몰입형 게임북이라는 형식을 취하고 있다. 출간 첫 해에만 약 50만 부가 팔렸고, 이후 2년간 지속적인 입소문과 추천을 통해 누적 판매량 120만 부를 돌파하며 출판계에 충격을 안겼다. 총 매출은 300억 원 이상으로 추정된다. 단일 역사 게임북으로는 이례적인 수치다. 어떻게 역사가 이토록 매력적인 놀이가 되었을까?

《미궁·여의림랑도첩》은 독자가 주인공이 되어 역사 속을 탐험하는 일종의 인터랙티브 퍼즐북이다. 책의 기본 구조는 분기와 선택지가 가득한 다중경로형 구조를 따른다. 독자는 이야기를 따라가는 것이 아니라 이야기 속을 걷는다. 고대 중국의 어느 미궁 안에 갇힌 인물이 되어 다양한 역사적 사건과 단서를 따라 길을 찾아나가야 한다. 주어진 문서를 해독하고, 지도 위에 표시된 흔적을 분석하며, 때로는 역사 속 인물들의 대화를 추론해야 다음으로 넘어갈 수 있다.

역사게임북 《미궁·여의림랑도첩》.

책 속에는 30개 이상의 실제 역사적 장소들이 등장한다. 자금성, 만리장성, 병마용갱, 삼국시대의 유적지 등, 독자는 시간과 공간을 넘나들며 고대부터 근현대에 이르기까지 방대한 중국사를 종횡무진하게 된다. 흥미로운 점은 이 책의 일부 퍼즐은 실제 해당 장소를 방문해야만 완전히 풀 수 있도록 설계되었다는 것이다. 특정 단서는 실제 공간에 가야 보이는 구조나 글귀, 지형이 힌트가 되기 때문에 독자 중 일부는 책을 들고 여행을 떠나기도 한다. 이처럼 집 안에서 즐기는 독서 경험을 넘어서, 현장에서의 실제 탐험과 결합된 확장적 독서 경험이 가능하다는 점에서 이 책은 단순한 '게임북' 이상의 의미를 띤다. 장소마다 독립적인 퍼즐이 배치되어 있지만, 전체 흐름은 하나의 큰 미스터리를 중심으로 연결되어 있다. 이 미스터리는 독자의 결정과 추리에 따라 서로 다른 방향으로 전개되고, 책의 끝에는 각기 다른 결말이 기다린다.

가장 큰 특징은 방대한 사료와 고증에 기반한 콘텐츠 설계다. 퍼즐 하나하나가 실제 문서나 유물을 기반으로 재구성되어 있다. 예를 들어 어느 장에서는 청나라 시대의 일지를 해독해야 하고, 또 다른 장에서는 춘추전국시대의 병법서를 참조하여 전략을 세워야 한다. 현대인의 시각에서 보면 어렵게 느껴질 수 있는 고문서들이 퍼즐을 푸는 열쇠로 바뀌면서 자연스럽게 몰입이 가능해지는 것이다.

독자는 이 책을 읽으면서 지식을 '얻는' 것이 아니라, 지식을 '경험하게' 된다. 그 과정에서 얻는 쾌감은 단순히 지식을 쌓았다는 기쁨을 뛰어넘는다. 책을 다 읽고 나면 머릿속에는 사건의 전말, 역사적 배경, 그리고 그 안의 인물들이 어떻게 움직였는지에 대한 통합적인 기억이 남는다. 이는 암기가 아니라 체험에 의한 기억이다.

집에서는 물론 실제 역사 공간에 방문하여 퍼즐을 푸는 특별한 재미를 선사한다.

책의 진행 방식도 독특하다. 각 장은 독자에게 단서를 제시하고, 주어진 단서를 바탕으로 선택지를 고르거나 특정 페이지로 이동하라고 지시한다. 예를 들어 "청나라 기록에서 찾은 날짜와 일치하는 암호를 해독한 후, 112쪽으로 이동하시오." 같은 식이다. 이처럼 독자의 판단과 행동에 따라 전개가 달라지는 구조는 게임북 특유의 참여감과 몰입감을 더한다. 한 번의 플레이로 끝나는 것이 아니라, 다른 결말을 보기 위해 반복 플레이를 유도하는 점도 특징이다.

《미궁·여의림랑도첩》은 스스로 사고하고 행동하고 탐험하는 경험을 주는 하나의 공간이다. 페이지를 넘기는 손끝에서 단서가 풀리고, 역사라는 거대한 미로 속에서 길을 찾는 재미가 끝없이 펼쳐진다.

게임과 책, 교육과 오락이 이토록 매끄럽게 결합된 사례는 드물다.

이 책은 퍼즐과 서사의 결합을 통해 '읽기'의 개념을 바꾸었다. 사람들의 반응은 가히 폭발적이었다. 독자들은 온라인 서점 리뷰에 "역사책이라니, 처음엔 지레 겁먹었는데 도저히 손을 뗄 수가 없었다", "이건 책이 아니라 하나의 어드벤처 게임이다", "뇌가 섹시해지는 기분" 같은 후기를 남기며 흥분을 감추지 못했다. 몇몇 가족 단위 독자는 "아이와 함께 책을 펼치고 토론하며 문제를 풀어가다 보니 주말이 어떻게 가는지도 몰랐다"고 했다. 교육적인 측면에서도 찬사가 쏟아졌다. 한 중학교 교사는 SNS에 "이 책 덕분에 우리 반 아이들이 처음으로 역사 수업에 자발적으로 참여했다"라며 경험을 공유했고, 이 글은 수천 번 공유되어 입소문에 불을 지폈다.

스마트폰까지 활용하여 풍부하고 다양한 인터랙션 경험을 선사한다.

언론과 학계의 반응도 뜨거웠다. 중국의 대표적인 출판 전문 매체 〈도서주간(书周刊)〉은 《미궁·여의림랑도첩》을 두고 "역사 콘텐츠와 독자의 상호작용이 어떻게 새로운 문화현상을 만들어낼 수 있는지 보여준 사례"라며 극찬했고, 〈신화통신〉은 "디지털 게임과는 또 다른 방식으로, 독서와 사유의 재미를 복원해낸 기념비적 성과"라며 문화적 가치를 강조했다. 한 역사학자는 "책이 독자를 이끄는 것이 아니라, 독자가 역사를 이끄는 방식으로 다시 쓰였다는 점에서 혁신적"이라고 평했다. 능동적인 탐험가로서의 독자를 만들어낸 것이다. 그 과정에서 역사는 스스로 체험하며 풀어가는 이야기로 재탄생했다. 《미궁·여의림랑도첩》은 바로 그 서사의 혁신을 대표하는 기념비적인 작품이다.

중국에서 《미궁·여의림랑도첩》이 거둔 놀라운 흥행은 지식을 어떻게 '읽게 하느냐'가 아니라, 어떻게 '직접 체험하게 하느냐'에 대한 질문과 답이었다. 결국 사람들은 '지식을 생산하고 유통하는 것' 자체보다, '그 지식 속을 직접 걸어 들어가보는 경험'에 훨씬 더 열광하고 몰입한다는 것을 이 책은 잘 보여준다.

다시 강조하지만 단순히 '읽고 시청하고 기억하는' 방식의 콘텐츠는 디지털 시대, 더 나아가 AI 시대에 맞지 않는다. 정보는 AI가 더 빠르게 분석하고, 지식은 알고리즘이 더 정확하게 구조화할 수 있다. 그러나 그 모든 기술 바깥에 존재하는 '나'라는 존재, 스스로 움직이고 느끼고 선택하는 인간의 경험은 대체할 수 없다. 직접 몸을 움직여 퍼즐을 풀고, 이야기의 주인공으로 뛰어들어 결정을 내리는 순간 속에야말로 오늘날 가장 대체 불가능한 가치가 존재한다. 이 책은 그 가능성을 가장 명확히, 가장 재미있게 증명하고 있다. 기억하자. '스토리텔링'이 아니라 '스토리플레이'다.

# 상상력으로
# 다시 채운 도서관
## : '사라진 도서관'
## 프로젝트

〈슬립노모어〉 등 세계적인 참여형 이머시브 공연을 제작하는 '펀치드렁크Punchdrunk'는 변화무쌍한 오늘날 세상에서 진짜 변화를 만드는 열쇠는 아이들이 어릴 때부터 마음껏 호기심을 펼치고 다양한 시도를 해볼 수 있는 토대를 마련하는 것이라 믿었다. 어린 시절 단 한 번의 경험이 인생의 방향을 바꿀 수 있다는 것을 알기 때문이다. 그래서 그들은 학교로 향했다. 그렇게 탄생한 것이 바로 '사라진 도서관Lost Lending Library' 프로젝트다. 이 프로젝트는 단순히 관객을 이야기 속으로 초대하는 것을 넘어, 아이들이 스스로 이야기를 창조하고 그 이야기의 일부가 되게 하며 더 많은 사람을 그 세계로 초대하는 실험이었다.

영국의 어느 평범한 초등학교, 교장 선생님이 갑자기 중요한 공지가 있다며 학생들을 강당으로 불렀다. 아이들은 아무것도 모른 채 왁자지껄 떠들며 모여들었다. 그런데 연단에 서 있던 교장 선생님의 표정이 심상치 않다.

"얘들아, 이상한 일이 벌어졌단다. 학교에 있던 도서관이 갑자기 사라졌어!"

아이들은 이내 휘둥그레진 눈으로 교장 선생님의 이야기를 듣는다. 교장 선생님은 진지한 표정으로 말을 이었다. "너희는 잘 몰랐겠지만, 사실 이 도서관은 보통 도서관이 아니란다. 세상 모든 이야기가 모여 있고 요정이 사는 특별한 도서관이었어. 그런데 오늘 그 도서관에 있던 이야기들과 요정들이 모두 사라져버렸단다. 너희들이 이 사라진 도서관을 다시 채워줘야 해."

놀란 아이들은 호기심 가득한 눈빛으로 "진짜야?", "이게 무슨 일이래?" 하며 서로 속삭인다. 그리고 선생님의 통솔에 따라 삼삼오오 모여 사라진 도서관을 찾아 나선다. 마침내 도착한 학교 복도의 끝, 낡은 벽장 문 앞. 선반 위에 놓인 책 한 권에 손을 대자, 마치 기다렸다는 듯 삐걱거리는 소리와 함께 벽장 문이 천천히 열리며 아이들 앞에 놀라운 광경이 펼쳐진다.

벽장 안쪽에 숨겨졌던 도서관이 마법처럼 모습을 드러낸 것이다. "와!" 아이들은 놀라움과 경이로 가득 차 환호했다. 문을 넘자마자 아이들은 전혀 다른 세계로 들어선 듯한 기분을 느꼈다. 오래된 책 냄새가 공기 중에 은은히 퍼졌고, 금빛 촛불이 부드럽게 흔들리며 공간을 밝히고 있었다. 주변을 둘러보자 끝없이 뻗은 책장들이 나선형으로 연결되어 있었고, 그 사이로 별빛 같은 먼지 입자들이 공중에 떠다녔다.

벽면에는 낡은 지도, 빛 바랜 엽서, 정교한 기차 모형과 인형들이 가득했다. 아이들이 가까이 다가가자 기차가 조용히 움직이기 시작했고, 책장 뒤편에서 누군가 속삭이는 듯한 소리가 들려왔다. 책장 위에는 작고 투명한 사다리들이 공중에 떠다니며 책을 정리하고 있었다. 그 모든 것이 살아 숨 쉬는 듯했다.

그때 도서관 깊은 곳에서 부드러운 발소리가 다가왔다. 책장 사이로 나타난 이는 수습 사서 피보디였다. 그는 따뜻한 미소를 띠며 말했다. "여러분을 기다리고 있었어요. 이곳은 세상에서 가장 큰 이야기 수집소였는데, 어느 날 갑자기 모든 이야기가 사라지고 말았답니다. 이제 여러분이 새로운 이야기를 써서 이 도서관을 다시 채워야 해요."

처음엔 망설이던 아이들도 곧 피보디의 안내에 이끌려 도서관의 분위기에 몰입했다. 각자 자신만의 이야기를 창작해 빈 책장을 채워야 했다. 아이들은 어느새 이야기의 주인공이 되어 머릿속에 있던 상상과 꿈, 소망을 하나씩 꺼내 글로 옮겼다.

이야기가 완성될 때마다 책장 위의 불빛이 환하게 켜졌고, 그 글들은 도서관의 자산으로 보관되었다. 아이들이 쓴 이야기들은 이후 다른 학교와 지역으로도 전해지며 더 많은 아이들에게 영감을 주는 자료가 되었다.

한 학생은 기차 모형에서 영감을 받아 별과 달을 여행하는 마법 열차 이야기를 썼고, 또 다른 학생은 엽서를 보고 세계를 탐험하는 모험담을 펼쳐나갔다. 아이들의 상상력은 각양각색이었고, 그 이야기는 곧 도서관의 빈 공간을 가득 채워나갔다.

"내가 진짜 작가가 된 것 같아!" 아이들은 서로의 이야기를 읽으며 창의력에 놀라고, 그것을 나누며 커다란 기쁨을 느꼈다. 도서관은 다시 이야기로 가득 찬 마법 같은 장소로 되살아났다.

이 마법 같은 공간은 우연히 만들어진 것이 아니었다. 펀치드렁크의 창작진은 아이들이 실제로 이야기 속에 들어온 것처럼 느끼게 하기 위해 공간을 철저히 설계했다. 현실과 환상의 경계를 허무는 몰입형 세트를 위해 천장 높이, 조명의 각도, 심지어 바닥 밟히는 소리까지 세심하게 고려되었다. 아이들의 눈높이에 맞춘 동선, 이야기와 연계된 오브제 배치, 그리고 숨겨진 메시지들은 '살아 있는 이야기' 그 자체가 되었다. 무엇보다 중요한 것은 이 공간이 정보를 전달하는 교실이 아닌, 이야기가 태어나고 가능성이 싹트는 '플랫폼'으로 작동해야 한다는 점이었다. 제작진은 단순히 무대를 만드는 것이 아니라, 아이들이 진정한 주인공이 되는 세계를 '짓는다'는 사명으로 작업에 임했다.

이 특별한 경험은 학교와 교육자들에게 새로운 가능성을 보여주었다. '사라진 도서관Lost Lending Library'은 수요자, 즉 학생들이 스스로 역할을 가지고 그 역할의 서사를 만들어내는 혁신 교육의 본질을 보여준 사례였다. 교육은 이제 잘 배우는 것을 넘어 자신만의 것을 창조하는 데 중점을 두어야 한다.

실제로 '사라진 도서관'은 영국 전역의 학교를 중심으로 지속적으로 확장되고 있다. 런던, 브리스틀, 맨체스터 등 다양한 지역 교육청이 이 프로그램을 도입하며, 문해력 향상뿐 아니라 감정 표현, 공동체 의식, 그리고 창의적 사고력까지 포괄하는 전인교육 사례로 주목받고 있다. 일부 지역에서는 도서관이 일주일간 학교에 상주하며, 모든 학년이 순차적으로 참여하는 커리큘럼으로까지 확장되었다.

《해리 포터》같은 세계적인 이야기가 탄생하려면 무엇이 필요할까? 더 많은 아이들이 상상하고 표현하며 서로의 창의력을 북돋아주는 환경이 필요하다. '사라진 도서관'은 바로 그러한 환경을 제공한 진정한 교육 혁신의 장이다.

　교육의 미래는 이미 우리 곁에 와 있다. 특히 AI 시대를 살아가는 지금, 우리는 코딩 교육, 영어 교육, 다양한 기술 기반 교육 등 '도구'를 익히는 데 집중해왔다. 그러나 미래의 교육은 아이들이 스스로 호기심을 느끼고 질문을 던지며 상상하고 창조하는 능력을 키우는 것이 핵심이다.

사라진 도서관의 내부 모습.

아이들이 책 속으로 빠져드는 장면.

아이들을 비밀스러운 모험으로 이끄는 안내자.

스스로 이야기를 창조하며 주인공이 된 아이들. (출처: 펀치드렁크)

우리는 이미 AI 기술을 통해 언제든지 원하는 정보를 실시간으로 검색하고, 글을 작성하며, 다른 나라 사람들과도 실시간 통역으로 대화를 나눌 수 있게 되었다. 정보는 이제 언제든 AI가 제공할 수 있지만, 상상력과 이야기, 그리고 새로운 가능성은 인간만이 만들어낼 수 있다. 그리고 그 중심에는 상상하고 창조하는 아이들이 있다.

# 폐교의 반전,
# 수학 테마파크가
# 되다

학생 수는 줄고 학교는 문을 닫는다. 폐교는 이제 시골의 풍경이 아니라 전국적인 현실이다. 심지어 '세계에서 가장 멋진 동네 4위'에 선정되며 서울의 핫플레이스가 된 성수 주변에도 폐교가 있다. 그러니 경상남도 거창군에 폐교가 있다는 사실은 그리 놀라울 것도 없다. 그런데 거창군의 어느 폐교에는 특별한 무언가가 있다. 폐교를 수학 연구소로 만든 놀라운 프로젝트가 이곳에서 펼쳐졌던 것이다.

그곳은 이름부터 특별하다. 셈토리Semtory. '수를 셈한다'의 '셈'과 '연구실Laboratory'의 합성어다. 이 공간이 특별한 진짜 이유는 그 이름보다도 '이야기로 출발했다'는 점에 있다.

체육 연습실로 쓰던 일반 교실(좌)을 흥미진진한 미션 게임 공간으로 탈바꿈시킨 셈토리 연구소(우).

사실 전국 여러 지역에는 다양한 형태의 수학 체험관, 과학 체험관이 조성되어 있다. 그런데 어디를 가든 대동소이하다. 학습과 관련

한 일반적인 교구들이 나열되어 있고, 안내문은 빼곡한 글씨로 가득하다. 체험관이라기보다는 전시관이나 박물관에 가깝다. 학생들이 오면 학예사 선생님들이 지도를 하는 것도 도슨트 프로그램과 닮아 있다. 공공 예산으로 만들어졌지만, 정작 학생들의 발길은 뜸하다.

거창수학체험센터와 리얼월드는 힘을 합쳐 새로운 교육의 방식을 시도했다. 셈토리는 교구보다 스토리가 먼저였다. 거창이라는 작은 지역에 '세계 수학 문제를 만들어내는 비밀 연구소'라는 이야기가 입혀졌고, 그 이야기에 따라 공간이 구성되었다. 수학자들의 만남의 광장, 아직 풀리지 않은 난제를 연구하는 구역, 미해결 문제를 실험하는 실험실 등 현실과 상상이 공존하는 장소가 만들어졌다.

애니메이션 영화 〈보스 베이비〉라는 작품은 아주 단순한 질문에서 시작한다. "그 많은 아기들은 어디서 올까?" 그에 대한 답은 바로 이것이다. "하늘나라 공장에서 만들어져 새들이 집집마다 배달을 해." 얼핏 들으면 황당하지만, 이 질문 하나가 수많은 상상력과 이야기의 문을 열어젖힌다. 셈토리 역시 이와 비슷하다. 셈토리는 이야기에서 출발했다. "그 많은 수학 문제는 어디서 오는 걸까?" 이 질문에 셈토리는 이렇게 답한다. "대한민국의 작은 마을, 경남 거창에 있는 수학 연구소에서 비밀스럽게 만들어져 전 세계로 배달되고 있어!" 순간, 거창이라는 지명이 완전히 다르게 느껴진다. 현실과 환상이 공존하는 장소가 되는 것이다.

이곳은 단순한 수학 체험관이 아니라 수학을 모험으로 만드는 서사의 무대이며, 이 서사는 그 어떤 최신 장비나 고가의 교구보다 강력한 몰입 장치다. 아이들은 이 세계 속에서 역할을 부여받은 주인공이 된다.

학생들은 각자의 수준과 관심에 따라 수학 게임을 시작할 수 있다.

셈토리에 입장한 학생들은 세 가지 미션과 마주하게 된다.

- **매스 임파서블**

    : 어느 날, 연구소장에게서 전화가 온다. "총명해 보이는 자네, 나를 좀 도와줄 수 있겠나?" 참가자는 비밀요원이 되어 스파이를 찾는 미션에 투입된다. 단서들은 수학 문제로 연결된다.

- **이상한 연구소의 토러스**

    : 마법 젤리를 먹지 못해 작아진 마스코트 로봇 토러스. 참가자는 마법 젤리 제조법을 찾아 토러스를 원래 크기로 되돌리는 모험을 펼치게 된다. 《이상한 나라의 앨리스》를 수학 테마로 경험하는 듯한 콘텐츠다.

- **수학수사연구부**

    : 생활 속 수학 문제를 해결해주는 탐정 콘텐츠. 학생들은 팀을 이뤄 수학 수사를 진행하며 문제의 본질을 파악하고, 그 안에서 수학을 '배우는 게 아니라 경험'한다.

세 콘텐츠들의 핵심은 단 하나, 수학을 삶 속에서 느끼게 한다는 것이다. 학생들은 팀을 이루어 함께 탐험하고 협력하며 문제를 해결한다. 하이파이브를 하고 환호하며 손에 땀을 쥐는 순간들을 함께 나눈다. 이것이 바로 기술로 대체할 수 없는 '인게이징engaging'이다.

이야기 속에서 배우는 수학, 공식과 개념, 수학자들의 생애와 시대상이 자연스럽게 연결된다면 어떨까? 〈드래곤볼〉처럼, 〈백설 공주와 일곱 난쟁이〉처럼 머릿속에 남는 강렬한 이야기와 함께 학습된다면 그 배움은 결코 쉽게 잊히지 않는다. 흥미를 넘어 학습 효과까지도 극대화하는 것, 이것이 바로 진짜 교육 콘텐츠다.

기술이 아무리 발달해도 절대 대체할 수 없는 게 하나 있다. 바로 사람과 사람 사이의 '연결'이다. 참여하고 몰입하고 함께 웃고 떠드는 그 감정들. 오프라인은 그 연결의 본질을 되찾으며 새로운 기회를 맞이하고 있다. 사람과 사람이 함께하는 그 '경험'만은 어떤 기술도 따라올 수 없다.

셈토리의 교실 안에서 아이들은 혼자가 아니다. 적어도 두세 명씩 함께 콘텐츠를 플레이하고 머리를 맞대어 고민한다. 누가 먼저 정답을 외치면 하이파이브가 오가고, 그 순간의 감정이 그대로 남는다. 마이크가 아닌 직접 눈을 마주치며 나누는 대화, 온몸으로 함께 푸는 문제. 이것이야말로 AI 시대에도 살아남을 '진짜 교육'이다.

요즘 세대는 디지털 세대다. 온라인에 익숙한 아이들일수록 그들에게 진짜 필요한 건 온라인으로는 대체할 수 없는 오프라인 경험이다. "왜 굳이 오프라인이어야 하죠?"라고 물을 때, 우리는 분명히 말할 수 있어야 한다. "그 경험은 온라인에선 절대 불가능하니까요."

셈토리는 바로 그 대답을 보여준다. 공간에 이야기가 담기고 역할이 부여되면, 그 공간은 교육의 무대가 된다.

경남 거창의 수학연구소 셈토리,
서사로 공간을 짓고
역할로 수학을 교육하다.

이제 사람들은

장소가 아니라

서사를 따라 관광한다.

제 5 장

관광의

미래

과거의 관광은 단순했다. 어디를 가면 무엇을 봐야 하고 반드시 사진 찍어야 할 포토존이 있으며 줄을 서서라도 꼭 먹어봐야 할 맛집이 있다. 힙하고 유명하고 트렌디한 것을 좇는 것이 곧 여행의 목적이었다. 관광은 정보를 중심으로 한 소비였고, 방문과 관람이라는 수동적 방식으로 이루어져왔다. 하지만 이제 그 공식은 새로이 쓰이고 있다.

이제 사람들은 장소가 아니라 서사를 따라 움직인다. 단순히 보는 것을 넘어 그 속에 들어가고 싶어 하고 그 이야기의 일부가 되기를 원한다. 관광은 하나의 경험 산업이 되었고, 그 중심에는 LBE, 즉 장소 기반 엔터테인먼트가 자리하고 있다. 이야기가 있는 공간을 무대 삼아, 여행자는 관람객이 아닌 플레이어가 되었다.

서사가 있는 공간은 사람들을 끌어들이고, 그 안에서 주인공이 되는 경험은 그 어떤 광고보다 강력한 유입 동기가 된다. 한때 낙후된 지역이나 폐교처럼 외면받던 공간들이 오히려 이야기를 품은 장소로 재탄생하며 다시 주목받고 있다. 콘텐츠가 입혀진 공간에 미션과 역할이 주어지는 순간 그곳은 테마파크가 된다.

축제 역시 마찬가지다. 한때는 어디를 가든 비슷한 먹거리, 뻔한 공연과 붐비는 인파 속에서 피로감만 남기 일쑤였다. 그러나 지금의 축제는 그 지역의 고유한 이야기와 결합되며 몰입형 체험으로 바뀌고 있다. 스토리 기반 축제는 참여자가 주인공이 되게 하고, 지역은 또 하나의 세계가 되어 즐길 거리로 가득 찬 테마공간으로 확장된다.

관광은 지금 역할과 이야기를 소비하는 산업으로 진화하고 있다. 그 변화의 현장들을 통해 우리는 미래 관광의 실체를 마주하게 될 것이다. 이 장에서는 바로 그 진화의 순간들을 담고자 한다.

**독립운동가**가 되어
**서대문형무소**를
**탈출**하라!

서대문형무소역사관은 1998년 개관 이후 매년 약 50만 명이 방문하는 곳이다. 우리 근현대사의 비극과 저항의 역사가 깃든 장소이기에 많은 학생 단체와 가족들이 방문한다. 항상 관람객으로 붐비고 규모도 크다 보니 공간 전체를 빠르게 훑고 지나치는 경우가 많다. 모처럼 시간을 내서 방문했을 텐데, 스마트폰을 보거나 전시관과 상관없는 대화를 하며 걷는 모습을 보면 안타까운 마음이 든다. 우리가 꼭 기억해야 할 역사적 공간에서, 정작 그 역사의 흔적에는 눈길을 주지 않는 광경이 반복되고 있다.

하지만 그 상황을 탓하기만 할 수는 없다. 시대가 달라졌기 때문이다. 인터넷과 스마트폰, 유튜브와 숏폼 콘텐츠가 일상이 된 지금, 정적인 전시만으로는 사람들의 주의를 끌기가 어렵다. 그래서 전시관에는 이제 '플레이어블 콘텐츠'가 필요하다. '보는' 행위를 넘어 참여하고 몰입하고 주인공이 되는 경험이 필요한 것이다.

이런 흐름 속에서, 서대문형무소역사관은 리얼월드의 이머시브 게임 콘텐츠를 통해 새로운 공간으로 다시 태어났다. 관객이 스스로 이야기를 풀어나가는 플레이어가 되는 공간. 그 중심에는 '서대문형무소 1937'이라는 몰입형 미션 콘텐츠가 있다.

이 콘텐츠는 이렇게 시작된다. 형무소에 갇힌 지 6년이 된 독립운동가인 '나(맹호)'. 그런데 그의 쌍둥이 형이 형무소의 간수로 있다. 동생은 독립운동가, 형은 독립운동가를 신문하는 고문관이라는 아이러니한 상황이다. 형은 동생인 나에게 일제에 투항하고 자유를 찾으라고 계속 말한다. 살려면 방법이 없지 않느냐며 제발 포기하라고 설득한다. 하지만 나는 변절할 생각이 털끝만큼도 없다. 마음을 바꾸지 않는다면 결국 형장의 이슬로 사라져버릴 동생을 형은 도저히 이해할 수 없다.

그러던 어느 날, 나에게 한 통의 밀서가 도착한다. "드디어 지금, 호랑이가 산을 내려올 때가 되었습니다." 탈출 지령이다. 그 문장을 받은 나는 서대문형무소 곳곳에 숨겨진 단서를 풀고, 다른 요원들과 비밀리에 소통하며 암호를 해독하고, 탈출 임무를 수행하게 된다. 그러나 탈출의 길은 요원하기만 하다. 감옥에서 죽은 자를 처분하는 시구문으로 나가는 방법이 유일한 길이지만, 그 문으로는 그야말로 죽어야만 나갈 수 있다.

이대로 여기서 끝인가… 울분이 쌓여갈 때, 탈출할 수 있는 또 다른 한 가지 방법이 제시된다. 바로 형이 찾아온 것이다. "너와 내가 옷을 바꿔 입자. 부디 네가 나를 대신해서 조국의 광복을 직접 목격하길 바란다." 결국 형은 동생을 대신해 처형되고, 동생인 나는 형의 시신을 시구문 밖으로 내보내며 탈출을 감행한다.

게임은 현실의 서대문형무소역사관 전시 공간에 덧입혀진 서사 위에서 진행된다. 플레이어는 입장과 동시에 QR코드를 스캔해 암호화된 밀서를 받고, 스마트폰을 통해 지령을 전달받는다. 각 전시 공간을 돌아다니며 단서를 수집해 미션을 해석하고, 최종적으로는 탈출 작전을 성공시켜야 한다. 그 여정 속에서 자연스럽게 독립운동가들의 이야기와 일제의 감시망, 그들이 남긴 흔적을 체험하게 된다. 전시물은 게임의 오브젝트이며 단서이고, 사명을 수행하기 위한 흥미로

참가자들이 서대문형무소의 숨 막히는 상황 속 주인공이 되는 경험을 즐긴다.

운 힌트가 된다. 관람객은 독립운동을 돕는 요원으로 가슴 먹먹한 스토리의 주인공이 되는 것이다. 상황에 몰입한 참가자들은 정말로 맹호가 된 듯한 감정을 느끼며, 마지막 부분에서는 말로 설명하기 힘든 울림에 저도 모르게 눈물이 솟구치는 경험을 하기도 한다.

몰입 경험을 즐긴 참가자들은 "그냥 지나칠 수 있는 전시물들을 잘 짜인 이야기와 다양한 임무를 통해 체험하니, 실제 독립운동가가 된 것처럼 몰입할 수 있었다", "게임을 하는 중에 너무 울컥해서 눈물이 났다. 인상 깊은 체험이었다" 등의 적극적인 후기를 남겼고 이는 자연스러운 방문을 촉진하는 선순환을 일으키고 있다.

많은 전시관과 박물관이 점점 더 사람들에게 외면받고 있다. 전시물은 그대로인데, 관람 방식은 달라지지 않았기 때문이다. 시대가 변했고 사람들이 원하는 경험도 바뀌었다. 유튜브와 틱톡 세대에게 기존의 전시관과 박물관은 조용하고 느리고 지루한 공간이지만, 그 전시물에 이야기를 입히고 역할을 부여하고 미션을 더하면 이야기는 달라진다.

역사관은 여전히 존엄한 공간이면서 관객에게 생생한 경험을 선사할 수도 있는 공간이다. 서대문형무소역사관은 그것을 증명했다.

누구나 알고 있는 공간이지만, 그 안에서 내가 주인공이 되는 순간 전시는 콘텐츠가 되고 체험은 기억으로 바뀐다.

'서대문형무소 1937'은 과거의 전시관을 다시 살아 숨 쉬게 했다. 내가 그 시대를 움직이는 인물이 되고, 그 공간 속에서 행동하게 만든다. 그렇게 역사는 단순히 외우는 지식이 아닌 경험하고 느끼는 감동이 된다.

'서대문형무소 1937'은 살아 있는 역사를 체험하는 대표 콘텐츠로 자리매김하고 있다.

# 박물관이
# RPG게임의
# 놀이터가 되다

완연히 맑은 주말 아침, 남자친구의 말 한마디에 마음이 들떴다. "오늘은 특별한 데이트를 준비했어." 특별한 데이트? 핫플일까, 새로 오픈한 전시회일까. 심지어 렌터카도 준비했다니 기대감은 한껏 올라간다.

그런데 차를 타고 도착한 장소에서 여자친구의 표정이 딱 굳는다. 그 장소는 바로 충북 음성에 있는 '한독의약박물관'이다. 20대 커플이 데이트 장소로 선택하기에는 다소 고루하고 재미라곤 없을 것 같은 곳. 주변은 SNS 감성샷 배경은커녕 논밭뿐이다.

하지만 이 박물관에는 뭔가 특별한 것이 숨어 있다. 이름하여 'Dr. H의 비밀노트'. 박물관을 무대로 펼쳐지는 미션형 게임이다.

세계적인 과학자 닥터 H는 평생을 바쳐 연구한 결과 궁극의 명약을 발견한다. 그리고 그는 이 명약을 얻는 방법을 담은 노트를 한 권 만드는데… 한편 한독의약박물관을 방문한 참가자는 의문의 노트 한 권을 발견하게 된다. 노트의 주인은 놀랍게도 노벨의학상 후보로 거론되었던 천재 과학자 닥터 H! 궁극의 명약을 얻는 방법이 담긴 노트가 바로 이곳 한독의약박물관에서 발견된 것이다. 그가 찾은 궁극의 명약은 과연 무엇이었을까? 노트의 비밀을 푸는 사람은 궁극의 명약을 얻는 주인공이 될 수 있다. 한독의약박물관을 탐험하며 닥터 H가 선물한 궁극의 명약을 찾는 것이 게임의 미션이다.

숨겨진 명약의 비밀을 찾는 미션 게임으로, 한독의약박물관의 역사를 체험한다.

참가자는 손에 쥐게 된 노트에 담긴 암호를 해독해, 닥터 H가 숨긴 명약의 정체를 밝혀내야 한다. 실제 전화를 걸고 받기도 하고, 증강현실과 QR코드를 사용해 전시실 곳곳을 탐색하며 퍼즐을 푼다. 전시물은 미션의 단서가 되고, 참가자는 이야기 속의 주인공이 된다. 이 박물관의 정적이고 조용했던 분위기는 어느새 탐험과 모험의 무대로 전환된다. 과거의 전시실이 미래의 서사 공간이 되는 순간이다.

'Dr. H의 비밀노트'는 박물관을 RPG 롤플레잉 게임의 공간으로 완전히 변신시킨다. AR 기능이 더해져 실제 공간 위에 디지털 힌트와 아이템이 겹쳐져 보인다. 예를 들어 약재 표본 전시대 위에 스마트폰을 갖다 대면 그 약재가 어떤 전설 속 치료제였는지 보여주기도 하고, 닥터 H의 편지가 97% 진짜임을 알려주는 감별 스캐너로 작동하기도 한다. 어떤 방에서는 숨겨진 단서가 벽면 속 '비밀문'처럼 보이기도 한다. 게임 도중 갑자기 스마트폰에 미지의 번호로 전화가 와 '보안이 심상치 않으니 조심하라'는 메시지도 듣게 된다. 이 한 통의 전화에 플레이어의 몰입도는 순식간에 올라간다.

이처럼 음성과 시각, 상호작용이 결합된 연출은 플레이어를 완전히 몰입시키는 데 성공했다. 전체 박물관이 하나의 거대한 스토리 무대가 되는 것이다. 전시실은 흥미진진한 게임의 맵이 된다.

1964년에 문을 연 한독의약박물관은 선조들의 의약 지식을 되돌아볼 수 있는 한국전시실, 동서양의 의약자료를 전시한 국제전시실, 한독약품의 역사를 보여주는 한독 이노베이션 스페이스와 건강한 삶을 예술작품으로 조명하는 여러 갤러리 등으로 구성되어 있다. 분명 의미 있고 매우 필요한 정보와 전시이지만, 솔직히 사람들의 관심을 붙들만 한 재미 요소는 없었다. 관람객들은 소중히 간직된 역사와 전시품들을 1~2초 만에 휙 지나가며 "볼 거 없다"라고 서슴없이 내뱉기도 했다.

이런 공간이 게임의 맵으로 탈바꿈했다. 'Dr. H의 비밀노트'는 박물관의 실제 전시실 5곳을 하나의 게임 레벨처럼 구성했다.

- 1레벨(한국전시실)

  : 전통 의약의 유물 속에 숨겨진 고대 처방서를 찾아야 한다.

- 2레벨(국제전시실)

  : 동서양 의약 비교를 통해, 닥터 H가 찾은 명약의 비밀을 퍼즐로 풀어야 한다.

- 3레벨(한독 이노베이션 스페이스)

  : 제약사의 창업 철학과 기업윤리를 파악하고, 그것이 명약의 개발에 어떤 영향을 미쳤는지 이해해야 다음 미션으로 넘어갈 수 있다.

- 4레벨(생명갤러리)

  : '궁극의 명약'이 신체뿐 아니라 마음과 정신에 어떤 영향을 미치는지 탐색하게 된다.

- 5레벨(제석홀)

  : 마침내 닥터 H의 개인 기록이 보관된 공간. 이곳에서 모든 조각을 맞추고 최종 미션을 완수하게 된다.

각 공간에서 참가자들이 도전해야 할 레벨업 미션이 주어진다. 각 전시실은 전통적인 설명판 대신 암호화된 지도, 미션 키트, 시나리오 기반의 오디오 가이드 등으로 구성되어 있어, 플레이어는 '목적이 있는 탐험'을 하게 된다. 공간의 느낌이 완전히 달라지는 것이다.

닥터 H가 찾은 명약의 비밀을 풀기 위해 몰입한 참가자들.

하지만 흥미로운 미션 게임을 즐기기 위해 충북 음성이라는 지역까지 방문할 사람들이 과연 있을까? 정답은 YES다. 한독의약박물관은 단체 관람으로 오는 이들은 물론 특별한 즐길 거리를 찾는 젊은 세대에게 큰 호응을 얻으며 이색 체험 공간으로 주목받는 데 성공했다. 이들에게는 박물관이 이색 방탈출의 공간으로 다가오기에 충분했다. 결국 역할과 서사가 핵심이다. 거리가 멀어도, 고루해 보이는 전시관이나 박물관이어도, 역할과 서사가 있으면 얼마든지 사람들의 방문을 이끌어낼 수 있다.

　박물관의 전시물은 여전히 그 가치가 크다. 문제는 관람 방식이다. 아무리 소중한 유물이 전시되어 있어도, "에이, 여기 볼 거 없다" 하는 말 한마디에 그 공간은 '의미 없는 장소'로 낙인찍힌다. 하지만 그 유물에 서사를 더하고 그 서사 안에 내가 들어갈 수 있다면 박물관은 놀이터가 될 수 있다. 의약의 역사를 보여주던 정적인 공간이 지금은 누구나 주인공이 되는 인터랙티브 무대가 되었다. 플레이어블 콘텐츠 하나가 지역 박물관의 존재 이유를 새롭게 만들고 있다. 다시 말해, 이 공간은 '궁극의 명약'을 찾는 여정을 통해 지금 이 시대가 원하는 새로운 경험을 선사하고 있는 것이다.

　앞으로의 박물관은 조용한 관람과 성찰의 공간을 넘어, 이야기와 역할을 통해 체험과 몰입의 공간이 되어야 한다. 그것이 MZ세대가 박물관을 찾도록 만드는 방법이다. 충북 음성의 한독의약박물관은 그 첫걸음을 내디뎠다. 이제 다른 공간들도 이 흐름에 동참해야 할 때다.

박물관의 유물에 서사를 더하고
그 서사 안에 내가 들어간다면
박물관은 놀이터가 될 수 있다.

# 도시 전체를
## 배경으로 하는
### 거대한
# 방탈출 게임

세상에서 가장 큰 방탈출 게임이 있다. 무려 도시 전체를 그 무대로 삼는다. 바로 일본 도쿄에 있는 '도쿄 메트로: 언더그라운드 미스터리'다. 이 게임은 방탈출 게임 전문 회사 SCRAP와 도쿄 메트로가 공동 기획한 콘텐츠로 2014년 시작됐다. 처음에는 단출한 게임 키트를 가지고 몇몇 지하철역에서 퀴즈를 푸는 형식이었는데, 사람들의 반응이 상상을 초월했다. 도쿄 시민들은 물론 외국인 관광객들까지 열광했고, 메트로 내부뿐 아니라 시내 상점가, 지역 박물관, 오래된 거리 골목까지 사람들로 붐볐다. 지하철 노선 하나하나가 스토리의 조각이 되었고, 각각의 역은 미션의 현장이자 미스터리의 열쇠가 되었다.

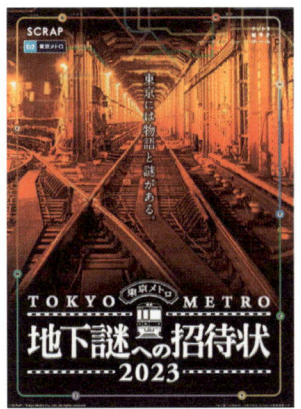 

'도쿄 메트로: 언더그라운드 미스터리'. 다양한 게임 미션지를 활용한 도심형 관광 게임이다.

이 게임은 도쿄 전역의 지하철역, 역사 깊은 거리, 그리고 아무도 주목하지 않던 일상적인 공원이나 골목길까지, 도시 전체를 퍼즐판으로 바꿔버렸다. 게임을 구매하면 플레이용 키트를 제공하는데, 이 안에는 도쿄 메트로 노선도와 1일 패스권, 그리고 게임 전용 노트와 미션에 필요한 단서 이미지 등이 포함되어 있다. 게임은 오프라인 단서를 기반으로 구성되어 있으며, 각 장소에서 텍스트와 그래픽, 환경을 관찰해 미션을 수행하는 구조가 주를 이룬다.

플레이어는 키트를 들고 도쿄를 누빈다. 지하철을 타고 내리고 또 타며, 어떤 역에서는 오래된 유물의 단서를 찾고, 또 다른 장소에서는 도쿄 역사와 연결된 이야기를 추리한다. 도쿄라는 도시가 품은 이야기, 장소, 사람들의 기억이 전부 게임의 퍼즐이 되어 얽히고설킨다.

가장 놀라운 건 이 경험이 일본 사람들만의 전유물이 아니라는 점이다. 영어 버전의 키트가 별도로 제작되어 해외 관광객도 쉽게 참여할 수 있고, 일본어를 몰라도 퍼즐을 풀 수 있도록 게임 내 텍스트와 시각적 단서가 잘 설계되어 있다. 실제로 참여자의 상당수는 일본 외 지역에서 온 관광객들이며, 일본 여행 중 하루를 이 게임에 온전히 할애하는 경우도 많다. 어떤 이들은 단 하루 동안 15개 이상의 역을 누비며 단서를 추적하고, 또 어떤 이들은 며칠에 걸쳐 도쿄 곳곳을 천천히 체험한다. 숙소와 가까운 역부터 시작해 각자의 여정으로 퍼즐을 이어가고, SNS에는 실시간으로 후기가 공유된다. "도쿄를 이렇게 몰입해서 걷게 될 줄 몰랐다", "여기 아니면 절대 오지 않았을 골목인데 정말 인상 깊다"는 식의 반응이 쏟아진다. 익숙한 명소 대신 평소에는 좀처럼 가보지 않을 동네에 내려 그곳에서 단서를 찾고, 지역 가게에 들러 힌트를 얻거나 미션을 확인하며 자연스럽게 마을 사람들과 교류하게 된다. 여행은 어느새 도시를 플레이하는 경험으로 확장된다.

지하철 곳곳에 게임을 즐기는 사람들로 가득하고, 사람들이 찾지 않던 지역 공간 역시 게이머들로 넘쳐난다.

이 경험은 이제 도쿄 관광청의 전략 상품이 되었다. 시즌마다 테마가 바뀌고, 이벤트 키트는 한정 수량으로 판매된다. 지역 상점가와 연계해 쿠폰을 제공하거나, 시즌에 따라 한정판 굿즈가 등장한다. 이 이벤트를 위해 일본을 찾는 외국인도 점점 늘고 있다. 소규모였던 시도가 하나의 도시 축제로 커지며 일본 전국의 다른 도시들에도 영향을 미치고 있다. 후쿠오카, 오사카, 삿포로 등도 저마다 지역판 '도시형 방탈출'을 기획 중이다.

필자 역시 한국에서 교보생명과 함께 '메트로 어드벤처'라는 도심형 방탈출 게임을 성공적으로 런칭한 바가 있다. 아직 코로나 팬데믹이 끝나지 않았던 2021년, 사람들이 안전한 방법으로 서울 여행을 즐길 수 있도록 기획된 이 프로젝트는 '앨리스와 신비한 서점'이라는 부제를 달고, 교보문고 광화문점을 시작으로 을지로3가, 충무로, 동대문역사문화공원, 왕십리, 삼성역, 별마당도서관 등 다양한 장소를 오가며 도시 곳곳을 탐험하게 만들었다. 참여자들은 '이상한 나라의 앨리스' 속 캐릭터들이 현실 세계로 탈출했다는 설정 아래, AR과 GPS 등 실감형 기술이 적용된 전용 앱과 실물 키트를 활용해 도시 곳곳에 흩어진 이들을 찾아 동화를 완성하는 여정에 나섰다. 팬데믹 시기에도 안전하게 즐길 수 있도록 설계된 이 콘텐츠는 많은 시민들과 관광객들에게 함께 걷고 함께 문제를 풀며 도시를 새롭게 인식하게 하는 색다른 도시 탐험의 기쁨을 선사했다.

또한 문화창조축제로 유명한 크리에이티브X성수에서도 '플레이 성수'라는 이름으로 성수동과 서울숲 일대를 배경으로 하는 도심형 미션 게임 이벤트를 기획해 수천 명이 넘는 시민과 방문객들이 참여하는 성과를 거두었다. 성수의 골목과 거리, 공공예술 작품과 상점들, 아름다운 서울숲을 오가며 미션을 해결하는 이 콘텐츠는 지역 문화와 창작 생태계를 연결하는 경험형 프로젝트로서, 도심 전체를 하나의 이야기 맵으로 재구성하는 새로운 시도로 평가받고 있다.

도시야말로 가장 거대한 테마파크다. 도시는 그 안의 다양한 이야기를 '플레이하는' 무대가 될 수 있다. 별도의 놀이공원이 없어도 된다. 도쿄처럼 그 자체로 충분한 이야기를 간직하고 있다면 말이다. 길 위의 벤치, 오래된 전봇대, 잘 보이지 않는 간판 하나까지도 서사의 일부가 될 수 있다. 당신이 서 있는 그 장소에서, 언제든지 모험은 시작될 수 있다.

**소멸 도시**가
최고의 **테마파크**로
변신하다

중국 중남부의 쓰촨성에는 청나라 시대의 고건축이 고스란히 남아 있는 도시 칭두(青都)가 있다. 급격한 대도시화 흐름에서 비껴난 이 도시는 오랫동안 '시간이 멈춘 도시'라 불리며 전통 유산 외에는 뚜렷한 관광 동기를 제공하지 못했다. 결국 방문객 수는 꾸준히 감소했고, 젊은 세대의 이탈까지 더해지면서 결국 소멸 도시로 분류되기에 이르렀다. 붉은 등롱이 걸린 돌바닥 골목, 수공예품을 다루는 가게들, 그리고 '백 년 묵은 맛'이라 불리는 고기국숫집이 남아 있었지만, 이는 중장년층의 향수에 의존하는 소극적 소비에 그쳤다. 정부 차원에서 관광진흥정책을 통해 민속축제, 특산품 장터, 야간경관 조성 등을 추진했으나 젊은 세대의 유입에는 큰 변화를 만들지 못했다. 결국 많은 시도들이 일회성 이벤트로 끝나거나 지역민 중심의 행사에 머물러, 소비 패턴 전환에는 실패한 셈이었다.

하지만 흥미롭게도 과거의 유산, 과거의 스토리를 간직한 이곳이 쥐번사와 같은 체험형 게임을 즐기기에게는 더없이 매력적인 장소로 비춰졌다. 정부도 어쩌지 못하던 이 지역이 젊은 세대에게는 특별한 몰입 경험을 하기에 최적의 장소였던 것이다. 흥미로운 역할과 서사가 펼쳐지는 완벽한 세트장이니 말이다. 시나리오 기반 추리극이라는 쥐번사 게임 장르는 이러한 역사적 건축과 결합할 때 그 어떤 디지털 게임보다 강력한 현실감과 몰입감을 제공했고, 칭두는 단숨에 전국적인 주목을 받는 도시로 떠올랐다.

청나라 시대의 관아를 개조한 체험 공간에서는 암살된 관리 사건의 진범을 추적하고, 오래된 여관에서는 일제강점기 독립운동 암호를 해독하는 첩보극이 펼쳐진다. 참가자들은 극 중 인물로서 골목과 건물 사이를 오가며 실시간으로 사건을 풀어나간다. 그들은 단서를 수집하고, 서로 협력하며, 때로는 배신 속에 진실을 추적한다.

칭두의 핵심 쥐번사 구역은 '칭밍구두(淸明古都)'라는 곳이다. 청나라 시절부터 전통 민속축제와 시장이 열리던 이 중심 거리는 현재 수십 채의 고건축이 보존되어 있어 쥐번사 배경으로 이상적인 조건을 갖추었다. 골목마다 배우들이 등장하고, 참가자들은 우물가와 찻집에서 은밀하게 작전을 주고받는다. 지역 공간 전체가 살아 있는 무대가 되는 것이다.

그러나 광활한 중국 내륙 한복판에 위치한 칭두는 접근성이 좋지 않은 편이다. 고속철도와 항공편이 연결되어 있긴 하지만, 상하이나 베이징 등 주요 대도시에서는 비행기를 타야만 하루 코스로 방문이 가능한 거리이며, 고속철도만 이용할 경우 왕복 8시간 이상이 소요된다. 단지 콘텐츠 하나만으로 도시 전체가 살아날 수 있을까? 아무리 쥐번사에 열광하는 이들이 많다 하더라도, 실제로 이 지역까지 찾아올 만큼의 동력이 될 수 있을까?

그 대답은 'BIG YES'였다. 실존 건축과 지역 전설을 바탕으로 만들어진 인기 시리즈 '호랑이 장군과 비밀의 서고', '홍등의 밤, 실종된 소녀', '성문 밖의 살인'은 2024년 기준 주말 체험 회차의 95% 이상이 두 달 전 마감될 정도이다. 주말 평균 방문자는 1만 3천 명을 상회하고 있으며, 이 중 약 80%는 외지에서 칭두를 방문하는 청년층으로 집계되고 있다. 숫자만 보면 대도시 유명 관광지에 비해 작게 느껴질 수 있지만, 과거 소멸 지역이라고 평가받았던 수준에 비하면 급증한 수치이며 중소도시 관광지로서는 이례적인 변화로 평가받고 있다. 중장년 세대가 단체관광으로나 찾던 이곳이 이제는 콘텐츠를 직접 경험하기 위해 기꺼이 시간과 돈을 들여 찾는 젊은 세대 중심의 목적형 방문지가 되었다는 점에서, 이 수치는 도시 브랜드 전환의 실질적인 지표가 되고 있다.

여기에 고무된 지방 정부는 지역 문화유산과 연계한 체험형 콘텐츠들을 본격 도입하고 있다. 천편일률적으로 반복되는 기존의 먹거리·볼거리 중심의 축제를 벗어나, 오래된 거리와 건축물 자체가 스토리와 게임의 무대가 되어 새로운 생명력을 얻게 되는 방식이다. 지역 도시의 유적지는 배경 그 자체로 캐릭터와 내러티브의 일부가 되고, 참가자들은 그 안에서 미스터리를 풀며 현실과 픽션이 교차하는 몰입형 체험을 즐긴다. 저장성 항저우시는 청나라 시대의 골목과 전통 가옥을 배경으로 체험 콘텐츠를 지역 축제와 연계하고 있고, 쓰촨성 청두는 삼국지 테마를 활용한 체험 관광 프로그램을 개발하며, 해당 장소들을 새로운 세대가 자발적으로 찾는 이야기 기반의 랜드마크로 변화시키고 있다. 여행사들도 테마형 여행 패키지 안에 이러한 체험형 상품을 포함시키며 젊은 관광객들에게 차별화된 몰입형 여행을 제안하고 있다.

흥미로운 체험형 콘텐츠를 찾는 MZ세대로 인해 중국의 2선, 3선 도시들이 다시금 활력을 띠고 있다.

자연스럽게 지역 상권 역시 눈에 띄게 성장했다. 과거에는 지역 주민들끼리나 찾던 소규모 찻집이나 식당이 주요 동선과 연계된 시나리오 속 장소로 설정되며, 밀담을 나누거나 단서를 교환하는 배경 공간으로 브랜딩되었다. 이로 인해 전통 복식 대여점, 메이크업 스튜디오, 포토스팟 등 체험 연계 상점들이 속속 생겨나 하루 평균 400~600만 원 수준의 부가 매출을 기록하고 있다는 보도도 이어졌다. 숙박업도 이 열풍의 직접 수혜를 받고 있다. 특히 테마형 부티크 전통가옥 호텔은 시나리오 속 인물이 된 듯한 체험을 원하는 젊은 세대의 수요를 흡수하며 등장했고, 일부 숙소는 주말 예약률 90%를 돌파하고 있다.

칭두의 성공은 과거와 현재, 그리고 지역과 청년 문화를 연결해내는 새로운 도시재생 모델로서 주목받고 있다. '볼거리'의 시대를 지나, 이제 사람들은 이야기 속 주인공이 되는 경험을 찾는 것이다. 칭두는 이 흐름을 가장 먼저 포착해 낡은 거리를 '플레이할 수 있는 과거'로 재탄생시켰다.

그렇다면 다른 지역은 어떨까? 서사 기반의 체험 콘텐츠가 통한다면, 독특한 이야기를 간직하고 있는 다른 도시도 마찬가지로 소멸 문제를 해결할 수 있지 않을까 하는 생각이 들 수 있다. 아니나 다를까 그 증거들이 곳곳에서 관찰된다. 중국 중부의 또 다른 지역 허난성, 우리에게는 낙양으로 알려진 도시 뤄양(洛陽)도 눈여겨볼 만하다. '도심 전체가 극장이 된 도시'로 탈바꿈한 사례로 평가받기 때문이다.

중국 13개 왕조의 고도(古都)로 불리는 뤄양은 어느덧 전통 유산만 남고 젊은 세대의 발길이 끊긴 대표적인 '소멸 도시'로 꼽혔다. 고궁, 사원, 박물관이 도시 곳곳에 있지만 관광객의 평균 연령은 지속적으로 높아졌고, 도심 상권은 점차 공실률이 높아지며 침체기에 접어들었다. SNS상에서도 '한 번은 가볼 만하지만 다시 찾을 이유는 없다'는 평이 다수였다.

이 도시는 최근 몇 년간 전례 없는 전환을 맞이했다. 도시 전체를 하나의 시나리오를 경험하는 플레이그라운드로 변모시킨 것이다. 기존에는 통상의 쥐뻔사처럼 작은 단위 공간을 활용하는 세트장형 콘셉트가 주를 이루었다. 그런데 뤄양은 도시 전체를 오픈형 RPG 게임 내지는 테마파크 콘셉트로 접근했다는 점이 차별점이다. 주요 박물관, 전통시장, 고택, 골목길이 모두 각기 다른 사건의 배경이 되며, 참가자는 이 공간들을 이동하며 단서를 수집하고 배역의 이야기를 체험한다. 도굴범의 흔적을 찾고, 사라진 유물을 쫓으며, 성곽 인근 찻집에서 용의자의 정체를 쫓는 과정은 기존의 관광과는 아예 다른 경험이다.

여기에 뤄양시 정부는 더욱 투자를 집중했다. 전통문화 거리에는 다양한 쥐번사를 체험하는 시설은 물론 다양한 테마존을 만들었고 이곳에 연기자와 운영 스태프를 상시 배치했으며, 평균 3시간 이상의 몰입형 시나리오 콘텐츠도 개발했다. 그 결과 뤄양은 다시 '젊은 여행자의 도시'로 떠올랐다. 2024년 기준, 뤄양의 주말 평균 방문객 수는 2만 명을 돌파했다. 이 중 절반 이상이 20~30대 청년층이며, 이들의 SNS 리뷰와 영상 콘텐츠는 도시 홍보 효과를 수직 상승시켰다. 심지어 젊은이들의 재방문율은 65%에 달하며, 기존 전통 거리의 공실률은 3년 사이 43%에서 8%까지 낮아졌다. 그리고 지역 내 체험 콘텐츠 창작자는 120팀 이상으로 늘어났고, 이들이 생산하는 시나리오는 매달 평균 30편이 넘는다. 그중에는 뤄양 전설, 당나라 궁중 미스터리, 고대 도자기 밀수극 등 지역 기반 IP가 다수 포함되어 있으며, 이 콘텐츠들은 주변 도시로도 수출되고 있다. 대도시에서도 젠트리피케이션 문제가 심화되며 심각한 공실률이 문제가 되고 있는데, 하물며 사람들이 찾지 않던 활력을 잃어버린 도시에서의 이 정도 변화는 기적에 가까운 수치이다. '플레이'야말로 도시를 살리는 원천임을 보여주는 현장이다.

도시 전체가 활력을 얻게 되자, 허난성 곳곳에서 더 흥미로운 시도들이 꽃을 피웠다. 인근 카이펑(开封)시에는 쐉롱샹(双龙巷)이라는 전통 보존 구역이 있다. 전통 보존이라는 말에서 유추할 수 있듯이 이곳은 사람들의 눈길을 끌지 못해 오랫동안 방치되다시피 했다. 특히 그 중심에 자리한 '이씨 저택(李氏宅邸)'은 청나라 고위 관료의 저택으로, 1만 평 이상에 달하는 규모와 장대한 구조에도 불구하고 수년간 방치되어 왔다. 그런데 그곳에 창작자들이 몰려 들어왔고, 곧 이 고택은 단일 공간 내에서 10개 이상의 체류형 콘텐츠가 동시에 운영되는 장소가 되었다. 참가자는 마당, 회랑, 서고, 지하 창고, 안채 등을 오가며 사건을 해결한다. 이야기는 '실종된 상속인', '귀신이 깃든 문서', '권력 다툼과 배신' 등 역사적 배경을 바탕으로 다양하게 펼쳐진다. 배우들의 연기와 현장 조명, 공간 동선은 영화 세트를 방불케 할 정도로 압도적인 몰입감을 자랑한다.

과거로 돌아간 듯한 세계 속에서 며칠 동안 머물며 즐기는 체류형 관광으로 다시금 도시가 북적인다.

이곳의 테마는 '체류형 시나리오'다. 참가자들은 고택 내 테마 숙소에 3일가량 머무르며 아침, 점심, 저녁 시나리오에 따라 활동한다.

이러한 형태는 비행기를 타고 오는 수도권 청년 관광객에게 특히 인기가 높아, 전체 참가자의 42% 이상이 외지 방문객이다. 대표 콘텐츠는 예약 시작 5분 만에 매진되는 경우가 다반사다. 이씨 저택은 이제 연간 43만 명 이상이 찾는 서사형 콘텐츠 허브가 되었고, 지역의 대표 브랜드로도 자리 잡았다. 쌍룽샹 거리 역시 공실 상가가 절반 이상 줄어들며, 주말에는 전통 먹거리와 소품 상점 등으로 활기를 되찾았다. 지역 정부는 이를 기반으로 인근 고택 세 곳을 추가로 콘텐츠화할 계획이다.

규모 역시 커지고 있다. 쓰촨성의 충저우(崇州)는 외부 관광객 유입이 적은 비주류 내륙 도시였다. 그런데 이 지역이 2023년 약 4만 제곱미터 규모의 쥐번사 전용 '무협 마을'로 탈바꿈했다. 무협이라는 장르는 이미 중국 내 서사 팬층이 두텁지만, 이를 실제 공간에 구현한 것은 충저우가 최초였다. 이 마을은 단순한 세트장이 아니라 실질적 기능을 지닌 찻집, 여인숙, 산장, 술집, 관아 등으로 구성되어 있다. 참가자는 이 안에서 '과거의 복수극을 간직한 검객', '비급(秘笈)을 노리는 암살자', '정체불명의 객잔 주인' 등으로 분장해 미션을 수행한다. 시나리오는 '검술 수련', '도장 대련', '비밀 퀘스트' 등으로 구성되어 있고, 일부 콘텐츠에는 퍼즐이나 액션 장면이 포함되어 게임화를 본격 접목하기까지 했다. 그 결과 주말 평균 방문자는 5천 명 이상이며, 숙박형 패키지의 경우 예약률은 85% 수준을 꾸준히 유지 중이다. 특히 20~30대 비율이 전체의 70%를 차지하며, 체험 후 SNS 콘텐츠가 폭발적으로 생산되면서 누적 해시태그 노출은 3억 건을 돌파했다.

마을 전체를 배경으로 무협지의 주인공이 되는 경험을 즐긴다.

무협 마을이 성공하자 인근 지역 역시 테마 소도시화 계획을 수립 중이라는 보도가 이어지고 있다. 무협 콘텐츠를 중심으로 한 국내외 관광 유치 프로젝트도 추진되고 있다고 한다. 충저우는 이제 '라이브 무협 서사 세계'를 구현한 몰입형 도시의 새로운 모델로 떠오르고 있는 것이다.

볼거리와 먹거리 중심의 전통적 관광 방식은 더 이상 젊은 세대의 관심을 끌지 못한다. 일방적으로 소비되는 콘텐츠는 쉽게 잊히지만, 내가 참여하고 선택하고 몰입할 수 있는 경험은 도시 전체를 다시 살아나게 만든다. 쥐번사 열풍은 이를 보여주는 대표 사례다. 이야기를 간직한 지역 공간은 이제 '관람의 대상'이 아니라 '플레이의 무대'로 재해석되고 있다. 그리고 그 무대 위의 주인공은 바로 도시를 찾은 젊은 세대다.

이제 관광은 플레이어블한 세계로 다시 설계되어야 한다. 중국 청두, 뤄양, 카이펑, 충저우의 변화는 도시의 미래를 바꾸는 흐름이다. 도시 자체가 거대한 테마파크가 되는 시대. 서사를 품은 지역은 더 이상 소멸하지 않는다. 그곳은 젊은 세대의 새로운 플레이그라운드이자, 다음 세대 도시 콘텐츠의 심장이다.

30년간
버려졌던 병원이
관광 산업의
기적으로 태어나다

사람들은 으레 최신식 건물, 화려한 조명과 거대한 로비를 갖춘 장소에서 감동을 받을 것이라 생각한다. 하지만 진정으로 사람의 마음을 움직이는 공간은 다르다. 오직 그곳에서만 느낄 수 있는 독특한 공기와 결이 있는 장소, 오래되고 낡았지만 그 안에 이야기가 스며든 공간 — 우리는 그런 곳에서 더 깊은 울림을 느낀다. 세월의 흔적이 고스란히 남아 있고, 누군가의 삶과 기억이 층층이 쌓여 있는 공간은 하나의 등장인물처럼 존재하며, 사람들에게 '이야기의 일부가 되었다'는 감각을 선사한다. 낯설지만 유일한 장소, 대체불가능한 공간이 주는 몰입은 최신 기술이나 자극적 연출로는 결코 흉내 낼 수 없다. 중국의 신허병원이 바로 그런 장소 중의 하나다.

2023년 중국 하얼빈. 무려 30년 넘게 방치되어 있던 폐병원 한 곳이 젊은 세대의 발걸음으로 다시 살아났다. 이곳의 이름은 병원의 이름을 그대로 딴 '신허병원(新和医院)'. 1941년 일본군 731부대의 생체실험에 협력했다는 어두운 과거를 간직한 실존 병원이다. 그랬던 장소가 과거의 비극을 고스란히 간직한 채 수백 명의 관객이 직접 이야기에 참여하는 이머시브 공연의 중심지로 탈바꿈했다. 공연의 이름도 '신허병원'으로, 병원 그 자체가 무대이다. 관객은 입원 환자, 의사, 간호사, 또는 피실험자나 감시당하는 저항 세력의 일원으로 역할을 부여받는다. 이들은 배우들과 밀접하게 상호작용 하며 하나의 세계 속으로 들어가는 체험을 하게 된다.

신허병원은 버려진 공간의 특성을 살려 1941년 당시의 병원을 1:1로 복원한 듯한 디테일로 사람들을 몰입시킨다. 창문에는 철제 격자와 서늘한 조명이 드리우고, 약장과 수술 도구 하나까지 고증을 바탕으로 배치되었다. 어두운 수술실, 금고가 잠긴 의무기록실, 낡은 병실, 감시카메라가 설치된 심문실 등, 공간 자체가 이야기를 증폭시키는 장치로 활용된다. 그리고 이 공간 위에 얹힌 '실제 사건'은 그 자체로 상상 이상의 긴장감과 진정성을 선사한다. MZ세대가 이 공연에 특히 열광하는 이유는 바로 여기 있다. 역사의 현장에서 살아보는 감각, 그리고 그것을 통해 '기억의 주체'가 되는 경험. 이는 교과서나 다큐멘터리로는 절대 전달할 수 없는 감정이다.

공연에서 경험할 수 있는 스토리는 하나가 아니다. 각기 다른 시점과 역할을 기반으로 관객들은 자신의 선택에 따라 다음과 같은 주요 서사 흐름을 경험한다. 첫째, '의문의 환자' 편으로, 관객은 병원에 입원한 환자로서 불안한 분위기 속에서 이름 모를 약물 투여, 모호한 진단, 병실 간 비밀 이동 등 의심스러운 처치를 겪는다. 어느새 병원의 숨겨진 구역으로 끌려가고, 정체불명의 문서를 발견하거나 의료진의 대화를 엿들으며 병원의 실체를 추적하게 된다.

둘째는 '의사와 간호사' 편으로, 관객은 병원 내부자 역할로서 상부로부터 내려온 명령에 따라 실험에 참여하거나 환자의 기록을 조작해야 할 상황에 직면한다. 일부 NPC(Non Player Character)는 갈등을 느끼며 관객에게 비밀을 털어놓기도 하고, 관객은 그 선택에 함께 책임을 져야 하는 입장에 놓인다. 병원이라는 조직 안에서 복종할 것인가, 양심에 따라 이탈할 것인가의 선택이 주어진다.

셋째, '피실험자' 편으로 구성된 라인은 극도의 몰입감을 선사하는 구조다. 격리된 병실에 수감된 관객은 실험복을 입고 어둠 속에서 차례차례 진행되는 생체실험 장면에 노출된다. 섬광, 경고음, 생체 기록 장비 등이 시청각적으로 몰입을 강화하며, 그 속에서 탈출을 시도하거나 서로 의지하며 공포를 견뎌내야 한다. 이는 육체적 감각과 감정적 긴장이 결합된 가장 직접적인 경험이 된다.

마지막으로 넷째는 '저항 세력' 편으로 관객이 병원의 어두운 진실을 세상에 알리기 위한 비밀 네트워크의 일원으로 활동한다. 관객은 병원 곳곳에 숨겨진 정보나 증거를 수집하고, 특정 시간과 공간에서 나타나는 NPC와 비밀리에 접촉하며, 감시자와 마주치지 않도록 동선을 설계해야 한다. 때로는 동료 관객들과 신호를 주고받으며 협력하는 구조로, 이를 통해 이야기의 퍼즐을 함께 맞추는 협동형 체험을 하게 된다.

이 공연은 시작과 끝이 정해진 각본을 따르는 것이 아니다. 관객이 어떤 역할을 맡고 어떤 경로를 선택하느냐에 따라 결말 역시 달라진다. 누군가는 진실에 다가서고, 누군가는 끝내 병원의 음모에 휘말린 채로 공연을 마무리한다. 이처럼 열린 결말 구조는 관객이 각자의 해석을 갖게 만들며, 체험 후에도 머릿속에 오래도록 남는 여운을 제공한다.

50명에 달하는 NPC 배우가 참여하는 초대형 서사로 압도적인 몰입감을 경험한다.

이 공연의 가장 강력한 무기는 50명이 넘는 전문 배우들이다. 각기 다른 스토리라인과 성격, 배경을 가진 인물들이 공연 내내 병원 곳곳을 배회하며 관객에게 말을 걸고, 손을 잡고, 어떤 이에게는 비밀스러운 편지를 건네기도 한다. 관객은 수동적인 구경꾼이 아니라, 적극적인 '행위자'로서 매번 다른 경험을 하게 된다. 그래서인지 관람객 중 약 30%는 2회 이상 다시 찾는 N차 관람객이다. 이들은 첫 방문 때 놓쳤던 장면들을 다시 체험하거나, 다른 선택지를 통해 완전히 새로운 서사를 발견하려 한다. 다른 공연과 달리 스포일러가 오히려 유입을 자극하는 요소가 되는 셈이다.

이 공연을 다녀온 관객들은 "진짜 과거로 떨어진 것 같다", "역사와 공포, 윤리적 질문이 한꺼번에 밀려온다", "공연이 아니라 체험 그 자체"라는 반응을 남긴다. 한 관객은 SNS에 "정말 당시 병원의 의료진과 실험실 속에 있는 것 같았다"는 후기를 올리기도 했다. 또 다른 관객은 "한 번으로는 부족하다. 두 번째는 전혀 다른 이야기를 체험했다"며 3차 관람을 예고했다. 실험 장면 도중 눈물을 쏟은 관객도 있었고, 어떤 이들은 공연이 끝난 뒤에도 한참 동안 자리를 뜨지 못하고 멍하니 앉아 있기도 한다. 체험을 통해 정서적 충격과 각자의 내면적 질문을 일으키는 이 공연은 관람 이후에도 계속해서 사람들의 마음속에 머무른다.

사람들이 이 이야기, 이 공간에 열광하는 이유는 자신이 '직접 경험한 이야기'이기 때문이다. 신허병원은 관객을 철저히 등장인물로 만들어, 역사와 윤리, 공포와 연대감, 그리고 선택의 책임이라는 복합적인 감정을 체험하게 한다. 그렇게 만들어진 기억은 단순한 관람이 아니라 개인의 체험으로 남는다.

흥미로운 점은 이 공연이 지역 경제에도 큰 영향을 미치고 있다는 사실이다. 공연이 열린 병원 건물은 본래 철거 예정이었던 폐공간이었다. 이를 리모델링해 공연장으로 바꾸면서, 지역 내 버려진 공간이 문화 명소로 재탄생했다. 공연 제작진과 NPC 배우를 포함해 100여 명의 고용 창출이 이루어졌다. 이 중 상당수는 인근 도시에서 온 젊은 연극인과 크리에이터로, '신허병원'은 그들에게 지속 가능한 수입원과 무대를 제공한다.

공연을 보기 위해 외지에서 방문하는 관객 수는 주말 기준 1,500명 이상이며, 연간 누적 방문객 수는 약 20만 명에 달한다. 티켓 가격은 평균 399위안(약 79,000원)으로 결코 저렴하지 않음에도 불구하고 공연은 상시 매진 행렬이다. 여기에 병원 내부에 마련된 전시형 체험 부스, 캐릭터 굿즈숍, 사전 예약 기반의 몰입형 코스 등으로 추가 수익을 확보하면서, 하나의 도시 브랜드 콘텐츠로 완성되고 있다. 하얼

빈 지역의 숙박업소와 음식점, 교통업계는 공연 이후 눈에 띄는 매출 상승을 기록하고 있으며, 공연장을 중심으로 한 지역 상권도 새롭게 재편되고 있다. 실제 공연장 인근에는 관련 카페, 테마 굿즈숍, 이색 체험 공간 등이 생겨났고, 청년 창업자들의 유입도 이어지고 있다. 지역 내 소비 유발 효과는 한화로 연간 2천억 원을 상회할 것으로 추정되며, 이는 도시 재생과 경제 활성화의 사례로 주목받고 있다.

'신허병원'은 단지 공연이 아니다. 그것은 우리가 외면해온 과거를 다시 바라보는 창이고, 그 과거를 온몸으로 살아내는 감각이다. MZ세대가 역사에 열광하는 이유는 교양의 문제를 넘어 그것이 곧 '내 이야기'가 되는 경험에 대한 갈망이며, 디지털 세대가 진짜로 원한 '실제와의 만남'이다.

역사를 소비하는 방식이 달라지고 있다. 그리고 그것은 콘텐츠의 미래를 바꾸고 있다.

# 버려진 공간에 상상력의 마법을 불어넣다
## : 미오 울프

사람들로부터 외면받고 본래의 용도를 잃어버린 공간들이 과연 다시 사람들로 북적이는 기회의 장소로 바뀔 수 있을까? 한때 쓰레기 더미였던 장소가 수많은 여행자들이 줄을 서는 세계적인 명소로 탈바꿈하는 일이 실제로 가능한 걸까? 공간을 멋지게 리모델링하고 F&B나 미디어 아트를 채워 넣는다고 사람들이 찾아오기는 할까? 도시를 계획하는 사람들, 문화기획자들, 그리고 지역사회를 살리고자 하는 모든 이들이 한 번쯤은 이런 의문을 품는다. 그 의문을 해결하고자 많은 시도를 해보기도 하지만, 결과는 종종 썰렁함과 적자로 끝났다. 핵심은 겉모습이 아니라 그 안에 담긴 이야기와 상상력의 힘이다. 누구도 간섭하지 않는 환경에서 말도 안 되는 상상을 기꺼이 믿고, 그것을 온전히 공간 안에 녹여낸 콘텐츠가 바로 변화를 이끈다.

이 모든 걸 가장 극적으로 증명해낸 사례가 있다. 바로 미국의 '미오 울프Meow Wolf'다. 한때 누구에게도 주목받지 못했던 폐허 같은 볼링장이 이제는 전 세계 여행자들의 버킷리스트에 오를 만큼 꿈같은 목적지로 탈바꿈한 것이다. 이 놀라운 변화의 중심에는 상상력과 예술, 그리고 그 모든 것을 가능하게 한 사람들의 열정이 있었다. 미오 울프의 시작은 번화한 거리도, 거대한 자본도 아니었다.

미오 울프는 2008년, 뉴멕시코주 산타페에서 빈스 캐들러벡 Vince

Kadlubek 등 10여 명의 젊은 예술가들이 함께 모여 시작한 실험적인 예술 프로젝트였다. 이들은 전통적인 미술관의 조용하고 권위적인 분위기에 반발하며, 누구나 직접 만지고 체험할 수 있는 새로운 형태의 예술을 만들자는 뜻을 품고 DIY 방식의 전시를 열기 시작했다. 버려진 창고와 허름한 골목, 아무도 눈길 주지 않던 공간을 무대 삼아 그들은 상상력을 눈에 보이는 형태로 구현해 나갔다. 그렇게 작고 기이한 전시들이 지역 사회에서 입소문을 타며 하나둘 주목받기 시작했다.

미오 울프라는 이름이 세상에 본격적으로 각인되기 시작한 신화의 첫 페이지는 2016년, 뉴멕시코주 산타페의 한적한 구석에 있던 먼지 쌓인 볼링장이었다. 볼링핀 부딪치는 소리 대신 적막만이 감돌던 그곳에, 〈왕좌의 게임〉 시리즈의 창조주라고도 불리는 작가 겸 연출가인 조지 R. R. 마틴이 나타났다. 그 역시 이 지역에 터를 잡고 살던 한 명의 예술가로서, 함께 이 도시를 살아가던 젊은 예술가들의 실험 정신과 상상력에 깊이 공감했고, 그들과 진정으로 신나는 창작 플랫폼을 만들고 싶었다. 마치 연금술사처럼 수많은 예술가들의 땀과 피, 그리고 무한한 상상력을 뒤섞어 세상 어디에도 없는 경이로운 공간을 빚어내고 싶었다. 그리하여 그는 낡은 볼링장을 매입해 젊은 동료 예술가들에게 내주며 진심 어린 지지를 보냈다. 나중에 이곳의 이름은 '영원한 귀환의 집House of Eternal Return'으로 명명되었다.

마틴은 이곳을 미술관처럼 조용히 보기만 하는 예술이 아니라, 누구나 직접 만지고 움직이고 함께 참여할 수 있는 공간으로 만들고자 했다. 예술 하면 떠오르는 모든 익숙함을 완전히 깨부수고 싶었던 그는 젊은 예술가들과 머리를 맞대고 밤늦도록 토론하고 실험하며 공간 하나하나에 상상과 서사를 불어넣는 과정을 함께했다. 폐자재 더미에서 소품을 찾고, 페인트칠을 하고 벽과 바닥, 가구 하나까지 손수 만들어가는 이 DIY 작업은 마치 거대한 모험을 함께 떠나는 동료들의 축제 같았다. 말도 안 되는 상상이라 여겨질 법한 그들의 아이디어는 그렇게 조용히, 그러나 점점 뜨겁게 타올랐다. 마치 땅속 깊이 묻혀 있던 씨앗이 어느 날 봄을 맞아 갑자기 싹을 틔우듯, 이 작은 시작은 훗날 누적 600만 명이 방문하는 전 세계 LBE 시장의 상징으로 자라나게 된다.

'영원한 귀환의 집' 겉모습은 시간을 거슬러 올라간 듯한, 고풍스럽지만 어딘가 비밀을 품고 있을 것 같은 2층짜리 빅토리아풍 주택이다. 하지만 문턱을 넘어서는 순간, 방문객은 익숙했던 현실의 모든 물리법칙과 논리가 산산조각 나는 초현실적인 미로, 혹은 꿈의 한가운데로 내던져진다. 집 안 부엌에 있던 낡은 냉장고 문을 열었더니 오색찬란한 빛이 소용돌이치며 차원이 전혀 다른 풍경의 터널이 눈앞에 드러난다. 용기를 내어 거실의 낡은 벽난로 안으로 몸을 구겨 넣으면 발밑으로 반짝이는 수정 동굴이 신비롭게 펼쳐지고, 덜컹거리는 낡은 세탁기는 마치 〈나니아 연대기〉의 옷장처럼 또 다른 세계로 통하는 마법의 포털이 된다. 아이들의 침실 옷장 너머에는 끝없이 펼쳐진 별들의 바다가 일렁이고, 현관 옆 작은 우편함조차 열어보는 순간 예측 불가능한 모험으로 이끄는 비밀 통로가 된다. 이곳에서는 벽이 속삭이고, 가구가 살아 움직이며, 모든 그림자가 이야기를 품고 있는 듯하다.

낡은 볼링장에 세계를 연결하는 상상의 공간이 도입되자 그 자체로 관광지가 되었다.

이곳에는 정해진 관람 경로도 없고, "만지지 마시오"와 같은 경고판도 없다. 방문객은 직접 탐험하고 만지며 놀 수 있는 주인공이 된다. 공간 곳곳에는 단서와 쪽지가 숨겨져 있어, 방문객은 이 공간 속 캐릭터인 셀리그 가족의 이야기를 추적하며 거대한 미스터리를 풀어 나가는 경험을 하게 된다. 실제로 영원한 귀환의 집은 단순한 시각적 전시에 그치지 않고 미스터리를 담은 스토리라인과 탐험형 인터랙티브 요소가 결합되어 있다. 공식 설정에 따르면, 셀리그 가족은 과거 이상한 일을 겪었는데, 그 흔적이 냉장고와 벽난로, 세탁기 등 현실과 환상의 경계를 넘나드는 다양한 공간에 흩어져 있다. 방문객은 퍼즐을 풀고 숨은 공간을 찾아내며 다른 관람객들과 함께 정보를 나누는 가운데 점점 이 집의 이야기에 몰입하게 된다.

미오 울프가 선보인 이 첫 작품은 이야기와 공간, 감각과 참여가 어우러진 새로운 방식의 몰입형 경험이 무엇인지를 세계에 각인시킨 사례였다. 예술가들이 협업하여 만들어낸 각 공간은 질감, 소리, 냄새 등 공감각을 자극하는 요소들로 가득 차 있어, 그 자체로 하나의 살아 숨 쉬는 이야기처럼 느껴진다.

영원한 귀환의 집은 문을 열자마자 그야말로 세상을 놀라게 했다. 기존의 정적인 미술관이나 예측 가능한 테마파크와는 차원이 다른,

관객의 선택과 행동에 따라 끊임없이 변화하고 새로운 이야기가 생성되는 독창적인 경험은 순식간에 SNS를 타고 전 세계의 호기심 많은 여행자들과 예술 애호가들을 산타페로 불러 모았다. 이는 한때 잊혔던 지역 사회에 놀라운 변화를 가져오며 생기를 불어넣었다.

수백 명의 지역 예술가와 기술자, 운영 인력에게는 안정적인 일터와 함께 자신의 창의성을 마음껏 발휘할 기회가 주어졌고, 미오 울프를 찾는 발길이 끊이지 않으면서 한산했던 거리에는 활기가 넘쳤다. 숙박 시설은 연일 만실이었고, 레스토랑과 상점들은 밀려드는 손님들로 북적였다. 산타페는 본래 유서 깊은 예술 도시로 명성이 자자했지만, 주로 전통 예술이나 고급 갤러리 중심이었다. 하지만 미오 울프로 인해 이전에는 굳이 산타페를 찾지 않았을 젊은 세대와 아이들을 동반한 가족 단위 관광객이 도시에 새로운 활력을 가져오며 도시의 풍경과 분위기를 더욱 다채롭고 역동적으로 물들였다. 한 지역 예술가는 "미오 울프는 산타페의 예술이 가진 잠재력을 새로운 방식으로 터뜨렸어요. 우리에게 '예술은 이렇게도 재미있을 수 있다'는 것을, 그리고 '모두가 예술가가 될 수 있다'는 것을 보여주었죠"라며 그 감격을 전하기도 했다.

번화가에서 멀리 떨어진, 누구도 주목하지 않던 버려진 볼링장이

하룻밤 사이에 세계적인 문화 명소로 탈바꿈한 이 기적 같은 이야기는 지역 주민들에게 크나큰 자부심을 안겨주었다. 미오 울프는 그렇게 창의적인 상상력과 예술적 열정이 어떻게 쇠락한 공간에 새 생명을 불어넣고, 공동체 전체에 긍정적인 파동을 일으키며 함께 춤추게 할 수 있는지를 가장 극적으로, 그리고 아름답게 증명해 보였다.

산타페에서 상상력의 힘을 확인한 미오 울프 멤버들은 더 넓은 세상, 더 대담한 도전을 꿈꾸게 되었다. 이번에는 각기 다른 도시에서, 그 지역의 독특한 문화를 바탕으로 예술가들과 긴밀히 협력하며 경이로운 세계를 창조해보고자 마음먹었다. 각 공간이 고유한 영혼과 이야기를 지닌 살아 있는 유기체처럼 보이도록 말이다.

두 번째 장소는 바로 라스베이거스로, 눈이 번쩍 뜨일 만큼 기묘하고 유쾌한 슈퍼마켓 콘셉트의 '오메가 마트Omega Mart'이다. 형형색색의 진열대에는 '문신 새긴 닭', '고래 노래맛 데오드란트', '꿈맛 탄산음료', '감정을 먹고 자라는 식물' 같은, 도저히 현실에 있을 법하지 않은 상상을 초월하는 상품들이 가득하다. 방문객들은 카트를 끌고 이 기괴한 상품들 사이를 거닐며 웃음을 터뜨렸다. 또한 특정 상품을 만지거나 비밀 코드를 입력하면 숨겨진 포털들이 열리며 외계 공장이나 환각적인 사무실 풍경 같은 전혀 다른 세계로 사람들을 빨아

들인다. 음료수가 진열된 냉장고를 열면 갑자기 다른 차원으로 통하는 빛의 터널이 등장하고, 상품 진열대 뒤로 숨겨진 문을 지나면 마치 외계 공장 같은 기묘한 세계가 펼쳐진다. 이곳은 기발함이라는 콘셉트를 넘어, 공간 전체가 탐험의 방식으로 연결된 하나의 거대한 이야기이자 퍼즐이다. 소비지상주의와 기업 문화를 통렬하면서도 유쾌하게 비트는 이 공간은 환락과 욕망의 도시 라스베이거스의 화려함과 그 이면의 기이함을 절묘하게 담아내며 또 한 번의 센세이션을 일으켰다.

냉장고나 옷장의 문을 열면 숨겨진 세계가 나타나는 경험에 사람들은 열광한다.

콜로라도 주 덴버에서는 또 다른 미오 울프 공간으로 마치 공상과학 영화의 한 장면처럼, 4개의 서로 다른 외계 행성이 시공간의 충돌에 의해 하나로 합쳐진 다차원 우주 정거장, '컨버전스 스테이션 Convergence Station'이 그 웅장하고 신비로운 모습을 드러냈다. 얼음으로 뒤덮인 행성, 고대 유적 같은 도시, 기계 생명체들의 영역 등 각 구역은 뚜렷한 개성과 환경을 가진 외계 세계를 생생하게 구현했고, 방문객들은 이 거대한 우주 정거장의 시민이 되어 각 세계에 흩어진 기억의 조각과 비밀스러운 PASS 카드를 수집하며 우주적 미스터리를 탐험한다. 덴버 지역 예술가 110여 명이 수년간 공들여 참여한 이 프로젝트는 압도적인 스케일과 정교한 디테일, 그리고 인터랙티브 미디어 기술의 절묘한 결합으로 또 한 번 세상을 놀라게 하며 LBE의 새로운 기준을 제시했다.

그리고 텍사스주 그레이프바인에는 다시 한번 '집'이라는 가장 친숙한 공간을 매개로, 평범함 속에 숨겨진 비범하고도 아름다운 세계를 탐험하는 '더 리얼 언리얼The Real Unreal'이 탄생했다. 이곳은 마치 산타페의 '영원한 귀환의 집'에서 시작된 이야기가 시간과 공간을 넘어 계속해서 확장되고 진화하는 듯한 느낌을 주며, 미오 울프 유니버스의 무한한 가능성과 연결성을 암시했다. 각 공간은 저마다의 독특한 내러티브와 탐험 요소를 갖추고 있었으며, 방문객들은 그 속에서 자신만의 길을 찾고, 자신만의 해석을 더하며 끊임없이 새로운 이야기를 발견해나갔다.

이처럼 미오 울프는 도시마다 그곳의 예술가들과 함께 호흡하며 독창적인 스토리와 세계관을 탄생시켰다. 방문객들에게 매번 새롭고 예측 불가능하고 무엇보다 깊은 여운을 남기는 경험을 선물하며 LBE의 역사를, 그리고 예술의 가능성을 새로 써 내려가고 있다.

미오 울프의 눈부신 성공 스토리는 우리에게 감동을 넘어 강력하고도 희망찬 메시지를 던진다. 그것은 바로 아무도 거들떠보지 않던, 시간의 먼지 속에 잊혀가던 버려진 공간이야말로, 때로는 가장 자유롭고 대담하며 찬란한 상상력을 마음껏 펼칠 수 있는 무한한 가능성의 캔버스가 될 수 있다는 가슴 뛰는 사실이다. 낡은 볼링장, 평범해 보이는 슈퍼마켓 건물, 이전에 그 공간들은 그저 도시의 무심한 풍경 속에 묻힌, 잊힌 장소에 불과했을지 모른다. 하지만 수많은 예술가들의 뜨거운 열정과 기발한 아이디어, 그리고 촘촘하게 엮인 이야기가 더해졌을 때, 그곳은 세상 어디에도 없는 특별한 세계, 수많은 사람들의 발길이 끊이지 않는 꿈의 공간으로 다시 태어났다.

눈을 현혹하는 화려한 기술이나 순간적이고 자극적인 효과를 넘어, 사람들의 마음을 깊이 사로잡고 자발적인 몰입을 이끌어내는 것은 결국 잘 짜인 '이야기'와 그 이야기를 온전히 담아내는 매력적인 '세계관'의 힘이다. 미오 울프는 관객을 이야기의 능동적인 참여자이자 공동 창조자로 끌어들일 때 경험의 가치가 얼마나 폭발적으로 극대화될 수 있는지를 명확히 보여주었다. 그들은 예술가들의 자유로운 창의성을 마음껏 펼치게 하면서도 지속 가능한 비즈니스 모델을 성공적으로 일궈냈고, LBE가 새로운 의미와 경험을 창조하는 예술의 한 장르가 될 수 있음을, 아니 이미 그렇게 되었음을 당당히 증명했다.

우리 주변을 둘러보면 전국 곳곳에 박물관, 전시관, 문화시설 등 수많은 공간들이 존재하지만, 그중 상당수는 관람객의 발길이 뜸하고 지역 주민조차 잘 찾지 않는 '잊힌 공간'이 되어버리곤 한다. 공간을 멋지게 만들어놓기만 하면 사람들의 마음이 저절로 움직이는 게 아니다. 미오 울프의 사례는 이 점에서 강력한 시사점을 던진다. 먼저 있어야 할 것은 공간 조성이 아니라 '이야기'이고, 그 안에서 사람들이 진짜 주인공이 될 수 있는 '콘텐츠'다. 누가 와서 무엇을 느끼고 어떤 여정을 통해 이야기를 만들어갈 수 있을지를 상상하는 일, 그것이 바로 공간을 다시 살아 숨 쉬게 만드는 진짜 시작이라는 것을 미오 울프는 보여주었다.

# 세계 1위
## SSCI 논문에 실린
# 강릉 한옥마을의
# 혁신

이상한 풍경이었다. 평일 낮, 강릉의 한적했던 한옥마을이 골목마다 사람들로 북적였다. 주말이나 휴일도 아닌데, 카메라를 든 관광객도, 단체로 움직이는 투어 그룹도 아닌 젊은이들이 골목마다 흩어져 무언가에 몰입해 있었다. 밤이 깊어지자 한옥마을은 더욱 많은 사람들로 가득 찼다. 누군가는 한복을 곱게 차려입었고, 누군가는 골목 벽에 숨겨진 QR코드를 찾고 있었고, 누군가는 증강현실 카메라로 숨은 단서를 찾고 있었다. 어떤 사람이 종이 지도를 들고 골목을 헤매고 있자 영화 속에 등장하는 배우 같아 보이는 사람이 그를 쳐다보더니 의미심장한 말을 던진다.

　　"지금 이 길은 네가 아는 현실이 아니야. 시간의 틈이 열린 곳이지. 질문을 풀고 문을 찾아. 그렇지 않으면 돌아갈 수 없어."

강릉의 한옥마을에 조선시대 복장을 한 젊은이들이 가득하다.

사람들이 즐기고 있는 이것은 무엇일까? 바로 강릉시와 강릉관광개발공사 및 한국관광공사, 그리고 리얼월드가 강릉에서 선보인 인터랙티브 스토리 게임 '차원의 경계를 넘어서'이다. 강릉 한옥마을이 새로운 체험형 관광의 명소가 되도록 하기 위해 공동 개발한 것으로, 관광지 안에서의 '경험' 그 자체가 목적이 되는 콘텐츠이다. 스토리 기반 미션 게임을 중심으로 실제 배우가 참여하여 함께 소통하고 상호작용 하며 이야기를 완성해가는 이머시브 공연까지 접목된 형태로 개발되었다.

게임의 배경은 조선 후기 강릉을 모델로 삼은 평행 세계다. 플레이어는 '차원 감시단'이라는 비밀 조직의 신입 요원이 되어, 균열이 생긴 시간 속에서 역사의 왜곡을 막기 위한 임무를 수행하게 된다. 마을 곳곳에는 조선시대에서 튕겨져 나온 인물들이 존재하고, 이들은 각자의 기억을 잃은 채 어딘가에 얽매여 있었다. 플레이어는 이 인물들과 대화하며 실마리를 얻고, 다양한 물리적 심리적 퍼즐을 풀어야만 다음 단계로 진입할 수 있다. 스토리는 단선적이지 않다. 같은 장소에서라도 어떤 선택을 하느냐에 따라 등장하는 캐릭터와 정보가 달라졌고, 플레이어들이 서로 다른 기억을 바탕으로 사건을 공유해야만 해결할 수 있는 미션도 포함되어 있다. 이야기는 점점 더 깊은 차원으로 빨려들었고, 최종적으로는 마을의 시공간을 지키기 위한

'차원문 봉인'이라는 의식을 성공시켜야만 임무가 완수된다.

마치 과거로 돌아간듯 한옥마을은 흥미로운 이야기 속 배경이 되었다.

한 플레이어는 퀘스트에 몰입한 나머지, 한옥의 마루 위로 성큼 올라간 배우에게 "감히 왕의 처소를 더럽히다니!"라며 스토리 속 대사를 외쳤고, 그 광경에 게임을 즐기던 플레이어 모두가 웃음을 터뜨리기도 했다. 또 다른 커플은 '사라진 장부를 찾아라'라는 미션 도중 서로의 선택지를 두고 실랑이를 벌이다 뜻밖의 장소에서 장부를 발견하고는 서로 얼싸안고 기뻐했다. 여덟 살 아이는 배우가 들고 있던 '시간 나침반' 소품을 보고 진짜 타임머신이 작동하는 줄 알고 끝까지 졸졸 따라다녔고, 배우는 어느새 그 아이에게 '수습 요원' 배지를 쥐여주고 함께 움직였다. 마을 입구 벤치에 앉아 이 모든 풍경을 지켜보던 마을 주민은 "참 재밌어. 요즘은 놀이도 연극처럼 하는구먼" 하고 말하며 고개를 끄덕였다. '게임'이라고 불렀지만, 그것은 단순한 오락이 아니었다. 특정 장소에 가야만 열리는 사건들, 배우와 직접 주고받는 미션, 역사와 공간에 얽힌 이야기를 풀어가는 과정 속에서 사람들은 어느덧 이야기의 주인공이 되어 있었다.

이 콘텐츠의 등장으로 평소에는 조용했던 마을 골목이 사람들로 활기를 띠었다. 일부 상점은 방문객 증가를 체감했고, 운영 마지막 날에는 현장을 찾은 이들이 많아 대기 줄이 길게 늘어서기도 했다. 몇몇 플레이어는 콘텐츠를 마무리하지 못한 아쉬움에 하루 더 머물며 완주를 시도하기도 했다. 이러한 반응은 콘텐츠가 특정 타깃에게 강하게 어필하고 있었음을 보여주는 신호로 해석될 수 있다.

사람들은 '차원의 경계를 넘어서'를 전통적인 관광 콘텐츠로 인식하지 않았다. 오직 그 장소에서만 경험할 수 있는 특별한 체험, 오감을 동원한 몰입형 스토리로 받아들였다. 마치 한 편의 연극에 관객이 아닌 주연 배우로 뛰어드는 것처럼, 그들은 이 경험을 위해 그곳에 갔다. 게임은 지역을 목적지로 전환시키는 동력이 되었고, 기존 관광과는 전혀 다른 '이야기의 주인공이 되는 경험'으로 받아들여졌다. 게다가 디지털 네이티브 세대에게 익숙한 게임적 몰입 구조와 스토리텔링 기반의 세계관, 그리고 현실과 가상을 넘나드는 흥미로운 인터랙션이 전통적 공간과 만나 새로운 형태의 체험을 만들어냈다. 사용자의 선택과 참여에 따라 서사가 변화하고 전개되는 방식이었기 때문에, 각자의 여정은 철저히 개인화된 경험으로 완성되었다. 누군가는 역사 속 인물의 감정을 따라가며 몰입했고, 누군가는 친구와 협력해 퍼즐을 해결하며 성취감을 느꼈다. 이렇게 사람들은 자신만의 이야기를 구성해냈다. 이 과정은 곧 관광을 소비의 대상에서 창작의 영역으로 전환시키는 흐름이며, 관객이 곧 창작자가 되고 그들이 만들어낸 경험이 전체 콘텐츠를 완성시키는 핵심이 되었다.

게임을 마친 후 주변 상점에 들러 관련 이야기를 나누는 사람들도 많았다. 현지 상인들 역시 "확실히 젊은 친구들이 전보다 더 길게 머물다 가고 있다"며 이전과는 달라진 분위기를 반겼다. 콘텐츠 하나가 마을의 체류 시간과 소비 동선까지 바꿔놓은 셈이다.

이 프로젝트는 지역의 매력을 재발견하게 했을 뿐 아니라, 새로운 형태의 공공문화 콘텐츠의 가능성을 증명했다. 단순히 볼거리나 포토존을 넘어서, 사람들의 상상력을 자극하고 직접 그 세계에 뛰어들게 만든다는 점에서 강력한 메시지를 지닌다. 앞으로의 관광 정책, 도시재생 전략, 청년문화 지원의 방향성에도 시사점을 던진다. 무엇보다 이 프로젝트는 SSCI급 세계 1위 관광 분야 국제 저널인 〈Journal of Travel Research〉 2025년 4월호에 '게임화와 AR 기술이 쇠락하는 지역을 활성화할 수 있을 것인가?'(조유정, 신학승)라는 제목으로 게재되며, 전 세계적으로도 그 효과와 가능성을 공인받았다.

리얼월드의 증강현실, 게임화 콘텐츠로 관광객의 방문 증가와 만족도 향상을 실현했음을 입증한 논문이 JTR에 게재되었다.

요즘도 전국 곳곳에 수백억, 수천억 원을 들인 거대한 건물들이 쏟아지듯 들어서고 있다. 외관은 그럴듯하고 개장 초기에는 뉴스에도 오르내리지만 정작 그 공간을 찾는 사람은 드물다. 공간을 먼저 짓고 이유는 나중에 붙이려다 보니 '왜 가야 하는가'에 대한 설득력도, 지속성도 없는 것이다. 정작 사람들의 시간을 사로잡고 발길을 불러들이는 것은 공간이 아니라 그 안에서 벌어지는 '이야기'인데, 그 이야기를 만드는 콘텐츠는 예산 배정의 말단에 머무른다. 그렇게라도 투자를 받은 콘텐츠가 유니크하기라도 하면 좋으련만, 대부분 도시 어디에나 있는 익숙한 구조와 기능을 반복하는 데 그친다. 지역만의 고유함은 사라지고, 결국에는 서로 비슷비슷한 공간들이 경쟁 아닌 경쟁을 벌이게 된다. 그럴듯한 겉모습만으로는 이제 누구도 움직이지 않는다.

사람들이 진정으로 찾는 것은 '그곳에서만 할 수 있는 무언가'다. 어디에나 있는 구조물이나 흔한 전시 콘텐츠로는 더 이상 사람들의 발길을 붙잡을 수 없다. '대체불가능한 경험'이 있어야만 진정한 동기와 연결된다. 공간이 콘텐츠를 담는 그릇이라는 오랜 관성은 이제 뒤집혀야 한다. 콘텐츠가 먼저 존재하고, 그것이 공간을 재정의하며 경험의 맥락을 결정짓는 방식이어야 한다.

오늘날의 관광은 경험하고 몰입하며 직접 참여하는 스토리가 핵심이다. 하지만 많은 정책과 투자 구조는 공간을 앞세우고 콘텐츠를 부수적 장치로 다룬다. 그래서 어디에나 있는 복제 가능한 프로그램이 반복되고, 그 결과 사람들은 방문할 이유를 찾지 못한다. 반대로, 소규모 예산으로 창의적 시도를 통해 수많은 방문객을 불러 모은 프로젝트는 오히려 불편한 존재로 취급된다. 성과가 높아질수록 운영 부담은 가중되고 정치적 책임이 따르며, "너무 잘했기 때문에 견제당하는" 아이러니한 구조가 생겨난다.

공간을 채우는 것은 벽이 아니라 이야기다. 그 이야기는 사람을 움직이고, 기억을 만들며, 지역을 목적지로 바꾸는 결정적인 힘이 된다. 사람들을 참여자로 끌어들이고, 관람객을 주인공으로 만들며, 시간과 공간의 감각을 다시 짜는 내러티브의 동력을 만들어야 한다. 진정한 방문의 동기는 건물에 있는 것이 아니라, 그 안에서 잠시나마 어떤 삶을 살아볼 수 있는지에 있다. 그래서 우리는 물리적 구조물 이전에, 먼저 이야기의 구조를 설계해야 한다.

그럴듯한 겉모습 하드웨어로는 누구도 움직이지 않는다.

사람들이 진정으로 찾는 것은
'그곳에서만 할 수 있는 무언가'다.

공간을 채우는 것은 하드웨어가 아니라
그곳의 이야기를 담은 '플레이어블 콘텐츠'다.

숙박하는 연극으로
로컬 호텔의
신화를 쓰다

일본 전역, 특히 지방 소도시에 위치한 소규모 호텔들은 오랜 시간 고민에 빠져 있었다. 관광객의 발길은 점점 줄어드는데, 온라인 여행 플랫폼에서는 대형 체인 호텔들에 밀려 노출조차 어려운 상황에서 방은 비어가고 인건비와 유지비 부담만 늘어갔다. 소규모 호텔들은 여행의 목적지가 아닌 그저 하룻밤 묵는 장소로 전락하고 있었다. 이 흐름에 맞서 무언가를 시도해보는 건 무모한 도전처럼 보였다. 그런데 전혀 다른 시선으로 이 문제를 바라본 젊은 여성이 있었다.

2015년, 막 대학에 입학한 류자키 쇼코는 친구들과 전혀 다른 고민을 하고 있었다. 또래들이 취업이나 연애에 관심을 쏟을 때, 호텔 창업주의 손녀였던 쇼코의 머릿속은 온통 '호텔'로 가득했다. 그녀는 호텔이 손님에게 편안한 잠자리만 제공할 것이 아니라 잊지 못할 '경험'을 선사한다면 달라질 것이라는 믿음으로 새로운 브랜드의 호텔을 런칭하고자 했다. 디지털 네이티브다운 발상이 아닐 수 없었다. 그리하여 2016년 4월, '호텔 쉬 교토HOTEL SHE, KYOTO'가 문을 열었다. 교토역에서 도보 10분 거리지만, 주요 관광지에서는 한참 떨어진 히가시쿠조 지역, 33개 객실의 작은 부티크 호텔이었다.

하지만 그녀의 이상과 달리 호텔 경영의 현실은 냉혹했다. 호텔 쉬 교토는 로비에 턴테이블을 놓고 공간 전체에 아날로그 레코드 음악이 흐르도록 하는 등 레트로 감성으로 채웠지만, 거대 자본과 네트워크로 무장한 대형 호텔 체인과의 경쟁은 버거웠다. 특히 성수기가 지나고 비수기가 찾아오면 객실 예약률은 힘없이 고개를 숙였다. 설상가상으로 2020년 코로나19 팬데믹은 호텔 매출의 95%를 날려버리는 직격탄이었다.

그녀의 고민이 깊어지던 어느 날, 뉴욕으로 유학을 갔던 친구가 편지를 보냈다. 내용은 바로 그 유명한 〈슬립노모어〉 이머시브 공연에 관한 열광적인 후기였다. '매키넌 호텔'이라는 낡은 건물을 활용한 세계적인 참여형 다시점 공연. 경험한 사람만이 느끼는 그 흥분감이 편지에 고스란히 담겨 있었다.

"이건 그냥 연극이 아니야! 내가 이야기 속으로 직접 걸어 들어간 것 같았어! 낡은 호텔 전체가 무대였고, 나는 유령이 되어 배우들을 따라다니며 그들의 비밀을 엿봤지. 정해진 좌석도, 정해진 길도 없어. 내가 선택하는 대로 나만의 이야기가 완성되는 거야. 하룻밤의 꿈처럼 강렬했어!"

쇼코는 편지를 읽는 내내 심장이 뛰었을 것이다. 호텔 전체가 무대이고 관객이 이야기의 일부가 된다고? 그녀가 찾던 '유니크한 경힘'은 바로 이것이었다. 호텔 쉬 교토가 가진 독특한 분위기와 공간이야말로 완벽한 이머시브 공연장이 되기에 충분하다고 생각했다. 일상으로부터의 탈출, 낯선 이들과의 만남, 그리고 머무름이라는 호텔의 본질. 이 모든 것이 이야기와 결합될 때 폭발적인 시너지를 낼 것이 분명했다.

'우리 호텔에 숙박하는 것 자체가 한 편의 연극이 된다면 어떨까? 손님들이 체크인하는 순간 이야기의 주인공이 되는 거야. 호텔 곳곳에 숨겨진 단서를 찾고, 미스터리를 풀고, 다른 손님들과 힘을 합치거나 배신하면서 하룻밤을 보내는 거지. 이건 단순한 숙박이 아니야. 일생일대의 모험이 될 수 있어!'

훗날 그녀가 여러 차례 인터뷰를 통해서 강조했던 '토마레루 엔게키(泊まれる演劇)', 즉 '숙박하는 연극'이라는 세상에 없던 아이디어가 선명한 빛을 발하기 시작한 순간이었다. 〈슬립노모어〉의 호텔은 연극을 위한 배경일 뿐이었지만, 호텔 쉬 교토는 실제로 숙박까지 할 수 있으니 그야말로 더욱 높은 만족감을 줄 것이라는 확신이 들었다. 쇼코는 즉시 회사에 엔터테인먼트 사업부를 신설하고 이 무모해 보이는 도전에 공식적으로 뛰어들었다.

물론 내부의 반대가 심했다. 경험한 적이 없으니 호텔에 공연을 넣는다고 해서 비수기의 솔루션이 될 수 있을지에 대해서는 회의적이었다. 게다가 배우가 들어가는 순간 숙박비도 따라 올라갈 텐데, 가뜩이나 경쟁력이 없는 호텔에 이는 치명적이라는 의견도 많았다. 하지만 그녀는 호텔이 '경험의 미디어'로 브랜딩해서 사람들에게 '세상에 이런 재미도 있구나' 하는 감동을 선사하고 싶다는 진심으로 팀을 설득했다. 다행히 그녀의 열정에 연극 무대를 찾고자 하는 무명 배우들, 틀에 박힌 작업에 질려 있던 디자이너, 그리고 호텔의 위기를 함께 돌파하고 싶었던 젊은 직원들이 동참했다. 그들은 호텔의 낡은 창고를 개조해 연습실을 만들었다. '숙박형 연극'이라는 전대미문 프로젝트는 그렇게 닻을 올렸다. 무려 코로나19가 기승을 부리던 그때 말이다.

공연의 제목은 '비와 꽃다발'로 30년 전의 만찬회에 초대된 사람들이 어떤 인물과 얽힌 숨겨진 비밀을 파헤치는 내용이었다. 근사한 제목에 내용도 특별한 감동을 선사하는 스토리였다. 그러나 첫 리허설 날, 호텔은 그야말로 아수라장이었다. 배우들은 복도에서 길을 잃었고, 음향 장비는 엉뚱한 객실에서 터져 나왔고 로비에 있던 직원들은 어색한 연기를 하거나 실수를 연발했다. 신기하게도 쇼코는 이것이 '엉망'으로 느껴지기보다는 궁극의 라이브로 느껴졌다. 관객과 배우들, 호텔의 스탭들 모두가 함께 완성해가는 이야기로 말이다. 때문에 즐겁고 유쾌하게 리허설을 거듭해가며 완성도를 높여갔다.

드디어 첫 공연, 다행히 20명 남짓의 손님들이 예매를 했다. 공연 시작 시간, 어색한 표정으로 손님들이 호텔에 체크인을 한다. 이때 그들 앞에 슬픈 눈빛의 한 여배우가 다가와 속삭였다. "제 약혼자가 사라졌어요. 오늘이 우리 결혼식인데…" 손님들은 처음 겪는 이 상황에 놀랄 수밖에 없었다. 객석에 앉아 무대 위의 배우들이 연기하는 것을 바라보는 일반적인 연극 공연과 달리 갑자기 배우가 내 코앞에까지 다가와 속삭이다니. 손님이자 관객인 사람들은 말을 해도 되는 것인지, 어디에 있어야 하는 건지 모든 게 낯설어 어쩔 줄을 모른다. 하지만 그들은 곧 실종된 약혼자의 미스터리를 푸는 탐정이자 이야기의 조력자가 되어 3시간 반 동안 호텔이라는 거대한 꿈의 무대를 누비기 시작한다. 어느샌가 이야기에 흠뻑 빠져서 전체 맥락을 이해하기 위해 온 공간을 뛰어다니기도 하고 일행들과 정보를 주고받기도 한다. 공연이 끝난 후에도 마법은 끝나지 않았다. 손님들은 호텔 바에 모여 각자 겪은 다른 이야기 조각들을 맞추며 밤늦도록 토론했다. 같은 공연을 봤지만 모두의 경험은 달랐다. 모두가 자신의 이야기에서는 주인공이었고 그 몰입감은 압도적이었다. 쇼코는 쾌재를 불렀다.

'숙박하는 연극'이라는 콘셉트의 이머시브 공연으로 호텔은 만실을 이어가고 있다.

다음 날 아침, 예상대로 SNS는 폭발했다. 결과는 경이로웠다. 빠른 시간에 누적 관객 1만 명을 돌파했고 체험 만족도는 97%였으며, 티켓 예매 경쟁률은 20:1에 달할 정도로 매진 행렬이 이어졌다. 비수기 걱정도 완전히 사라졌다. 평일에도 호텔은 만실이었고, 예약 문의 전화가 빗발쳤다. 티켓 가격은 1인당 3만 9천 엔부터 시작하는데 기존 객실료의 서너 배에 달하는 가격에도 사람들은 기꺼이 지갑을 열었고, 공연 테마의 칵테일이나 기념 굿즈를 추가로 구매했다. 무엇보다 그들은 자발적인 마케터가 되어 호텔의 이야기를 세상에 퍼뜨리며 비용 한 푼 들지 않는 마케팅 효과까지 가져다주었다. 한때 비수기를 걱정하던 호텔은 이제 새로운 이야기를 갈망하는 열정적인 사람들로 가득 찬 문화적 성지가 되었다.

사람들은 더 이상 호텔의 가격이나 위치를 따지지 않았다. 그들은 오직 '그곳에서만 할 수 있는 특별한 경험'에 대해 이야기했다. 숙박형 연극은 호텔의 수익 구조를 완전히 바꿔놓았다. 수익원은 객실료뿐 아니라 숙박이 포함된 공연 티켓, 테마 식음료, 기념품 판매 등으로 다각화되었다. 비어 있던 객실을 채우기 위해 온라인 여행사에 끌려다니며 출혈 경쟁을 할 필요도 없어졌다. 오히려 '우리 호텔에서만 경험할 수 있다'는 독점적 가치는 호텔이 당당하게 가격을 결정할 수 있는 힘을 주었다.

"우리는 더 이상 객실을 파는 게 아닙니다. 우리는 복제 불가능한 '경험'과 평생 기억에 남을 '추억'을 팝니다. 이것이 바로 우리가 제공하는 새로운 가치입니다."

호텔 쉬 교토는 객실 판매에서 벗어나 '경험' 판매로 전환하는 데 성공했다. 이는 단순히 객실당 수익을 높이는 것을 넘어, 고객 한 명 한 명에게서 더 높은 가치를 창출하는 혁신이었다. 호텔 쉬 교토는 가격 전쟁의 레드오션에서 벗어나, 그 누구도 따라 할 수 없는 자신들만의 블루오션을 창조해낸 것이다.

이제 사람들은 교토 여행을 위해 호텔 쉬 교토에 묵는 것이 아니었다. 그들은 오직 '숙박형 연극'을 경험하기 위해 그 호텔을 목적지로 삼아 교토를 찾아왔다. 숙박객의 95%가 외국인이었던 팬데믹 이전과 달리, 이제 고객의 대부분은 열정적인 국내 팬들이었다. 이는 외부 환경 변화에 흔들리지 않는 강력한 내수 기반을 마련했음을 의미했다.

쇼코는 중요한 사실을 증명해냈다. 소규모 로컬 호텔이 대형 체인과 경쟁하는 방법은 그들의 규칙을 따르는 것이 아니라 완전히 새로운 판을 짜는 것이라는 사실을. 대형 체인은 '표준화'와 '효율성'을 무기로 삼지만, 그들은 수백 개의 호텔에 호텔 쉬 교토와 같은 독특하고 창의적인 경험을 일일이 복제해 넣을 수 없다. '진정성'과 '독창성'은 로컬 호텔만이 가질 수 있는 가장 강력한 무기다.

호텔의 성공은 지역 사회에도 활기를 불어넣었다. 젊은 예술가들이 교토로 모여들었고, 호텔은 지역의 창조 산업에 새로운 플랫폼을 제공했다. 호텔이 지역 문화를 꽃피우는 심장이자, 사람들을 끌어들이는 강력한 자석이 된 것이다.

호텔 쉬 교토의 로비는 오늘도 새로운 이야기의 시작을 기다리는 손님들의 설렘으로 가득하다. 턴테이블 위의 레코드판에서 흘러나오는 음악은 이제 새로운 모험의 시작을 알리는 서곡처럼 들린다.

이 호텔의 이야기는 한 로컬 호텔의 성공 신화를 넘어 '가치'의 패러다임이 어떻게 변하고 있는지를 보여주는 상징적인 사건이다. 물질적 소유보다 경험을, 상품의 기능보다 그 안에 담긴 이야기를 중시하는 시대. 호텔은 이제 잠을 자는 곳이 아니라, 꿈을 꾸고, 이야기를 체험하고, 때로는 자기 자신조차 잊고 있던 새로운 모습을 발견하는 변혁의 공간이 되어야 한다.

대체불가능한 우리 자신을
있는 그대로 자각하고,
따뜻하면서도 단단하게 마주하자.

제 6 장

# 대체불가능한
# 당신을 위한 조언

지드래곤의
**위버멘쉬,**
오늘도
**대체불가능한** 나를
소환하는 말

지드래곤이 마침내 긴 침묵을 깨고 돌아왔다. 한때 K팝의 황제로 불리기도 했지만 오랜 시간 그 자리를 비웠던 탓에, 많은 이들은 지드래곤이 과연 지금 이 시대의 감각과 다시금 호흡할 수 있을지 궁금해했다. 혹여 그 이름이 과거의 영광으로만 남는 것은 아닐까 하는 우려도 있었다. 그러나 모든 의심은 단 하나의 무대로 산산이 부서졌다. 지드래곤은 컴백과 동시에 전 세계의 열광을 받았다. 신곡은 발매 직후 아이튠즈 15개국에서 1위를 차지했고, 총 28개국에서 10위권에 진입했다. 국내 주요 음원 플랫폼에서도 모든 실시간 차트를 석권하며 건재함을 입증했다.

그런데 이 열광은 단순히 복귀에 대한 반가움이나 팬심의 폭발로 설명되기 어려웠다. 아이들부터 어르신들까지 전 세대가 각자의 방식으로 그의 귀환을 체험했다. 학생들은 학교에서, 직장인들은 팀워크 프로그램 속에서, 또 어떤 이들은 가족 모임이나 소셜 공간에서 그의 음악을 함께 부르며 공유했다. 지드래곤의 귀환은 한국을 넘어 세계 각지에서 동시에 벌어진 하나의 문화적 감정의 연대처럼 번져나갔다. 음악계는 물론이고 문학, 패션, 심지어 교육계까지 파문이 미쳤다. 사람들은 묻기 시작했다. 도대체 뭐가 다른 걸까? 그의 컴백은 단순한 음악 발표 이상의 강력한 메시지를 품고 있다는 사실이 점점 분명해지고 있었다.

지드래곤은 이에 대해 그의 앨범 제목이기도 한 '위버멘쉬 Übermensch'에 그 해답이 담겨 있다고 말했다. 처음 들었을 때부터 위버멘쉬라는 단어는 낯설게 다가온다. 'Ü'라는 독일어 철자를 사용하는 것도 그렇고, 그 뜻 또한 '초월적 인간, 초자아'라는 생소한 의미이기 때문이다. 누구나 쉽게 반응할 수 있는 대중적인 타이틀로 더 많은 환호를 끌어낼 수도 있었을 텐데, 지드래곤은 굳이 이 단어를 골랐다. 사람들은 당연히 의아해했다. 이 낯선 단어에 그가 담고자 한 건 도대체 무엇이었을까?

그 답은 그의 월드투어 콘서트 현장에서 비로소 명확해졌다. 필자는 고양에서 열린 공연을 관람했는데, 무대 위 양쪽에는 두 개의 커다란 인간 석상이 서로를 마주 보며 서 있었다. 곧 그것이 Ü를 형상화한 조형물임을 알아차릴 수 있었다. 무대 중앙에는 그 사이에 선 지드래곤이 있었고, 그는 '위버멘쉬' 앨범에 수록된 곡들을 하나하나 펼쳐나가기 시작했다. 〈POWER〉, 〈HOME SWEET HOME〉, 〈SUPER STAR〉, 〈ONE OF A KIND〉, 〈너무 좋아〉, 〈삐딱하게〉까지 이어지는 공연의 흐름. 노래 한 곡 한 곡이 모두 훌륭했다. 그런데 노래가 이어질수록, 이 무대가 단순한 퍼포먼스를 넘어 어떤 의미를 향해 나아가고 있다는 감각이 점점 선명해졌다. 그리고 마침내 공연의 끝자락에서 지드래곤은 조용히 입을 열었다. 왜 그렇게 많은 반대에도 불구하고 앨범 이름을 '위버멘쉬'로 정했는지, 그리고 이 무대를 통해 지금 이 시대에 꼭 전하고 싶었던 이야기가 무엇이었는지를 담담하게 고백했다.

지드래곤은 '위버멘쉬'라는 개념을 통해 대체불가능한 나 자신의 힘을 일깨우고자 했다. (출처:쿠팡플레이)

그가 전하고 싶었던 메시지는 단 하나였다. 대체불가능한 우리 자신을 있는 그대로 자각하고, 따뜻하면서도 단단하게 마주하자는 것. 무대 양옆에서 서로 마주 보고 서 있던 두 개의 석상은 사실 지드래곤 자신을 형상화한 것이었다. 하나는 과거의 나, 다른 하나는 미래의 나. 그리고 그 시선이 교차하는 무대의 정중앙에 서 있는 존재야말로 바로 '지금의 나', 현재를 살아가는 나 자신이었다. 사람들은 보통 '지금의 나는 과거의 내가 쌓아온 총합'이라고 인식한다. 하지만 이 말에는 어딘가 납득되지 않는 함정이 숨어 있다. 지금의 내가 과거에 의해 결정되고 규정된 존재라면, 결국 나는 과거의 결과물에 불과하고, 현재는 그저 정해진 궤도를 따라가야 하는 수동적인 시간일 뿐이기 때문이다. 그렇다면 미래는 어떨까. 우리는 종종 미래의 나를 더 나아진 모습, 이상을 이룬 존재, 꿈에 가까운 형상으로 떠올리곤 한다. 하지만 만약 그 미래 역시 현재의 나로부터 자동적으로 파생되는 결과라면, 결국 그 또한 수동적인 형상이 되고 만다. 기대하는 미래가 아닌, 현재가 쌓여 형성된, 예정된 결과로서의 미래라면, 그것은 상상할 가치조차 잃는다.

지드래곤은 여기에 질문을 던지고 싶었다고 한다. 왜 우리는 늘 과거의 나로 현재를 정의하고, 현재의 상황으로 미래를 규정하려 드는 걸까. 왜 미래는 상상하고 꿈꾸는 지점이 될 수가 없는 걸까. 만약 우리가 반대로, 미래의 나를 먼저 상상하고 그 모습으로 오늘을 살아간다면 어떨까. 그렇다면 현재의 나는 더 이상 과거의 누적에 머무는 존재가 아니라, 미래가 지금의 나를 끌어당기고 있는 살아 있는 가능성이 된다. 그리고 그 가능성 안에서, 우리는 비로소 대체될 수 없는 존재로서의 나 자신을 만나게 되지 않을까 한다는 것이었다.

"저는 또 그렇게 생각해요. 지금의 나를 과거의 그림자로 규정하지 말기. 반대로 지금의 나를 미래에 미치지 못한 불완전한 모습으로 판단하지도 말기. 그저 지금 이 순간의 나는 과거, 미래 그 어느 때의 자기와도 다른 대체불가능한, 유일한, 지금의 나로 받아들일 수 있지 않을까요? 그 존재의 자각이 우리를 자유로워지게 만들면 좋겠어요. 그것이 바로 초월적인 자아라는 뜻의 위버멘쉬라고 생각했어요."

여기에 한 발 더 나아가 지드래곤은 말했다. 요즘 인공지능과 로봇이 모든 것을 가능하게 하고, 인간도 대체할 수 있으며, 심지어 사람 없이도 충분하다는 이야기를 흔히 듣게 되지만, 자신은 그런 주장에 결코 동의할 수 없다고. 인공지능은 어디까지나 도구일 뿐이며, 내가 무엇을 좋아하고 무엇을 하고 싶은지를 더 잘 알아차리고 더 빠르고 효과적으로 처리해줄 수 있는 거울 같은 존재라고 말했다.

정말 그렇다. 예를 들어 '휴가 때 머물고 싶은 장소의 이미지를 찾고 싶다'고 해보자. 검색엔진을 통해 이런저런 키워드를 입력하며 수많은 이미지를 들여다보는 과정 속에서 어느 순간 '그래, 바로 여기에 가고 싶어!'라는 마음이 드는 순간이 찾아온다. 처음엔 나 자신조차 내가 원하는 것이 정확히 무엇인지 알지 못했지만, 다양한 이미지를 비교하고 응시하는 과정을 통해 무의식 속의 욕망이 점차 드러나

게 되는 것이다. 이때 검색엔진은 나를 대신해 선택을 내려주는 존재가 아니라, 내가 진짜 원하는 것이 무엇인지를 비춰주는 도구일 뿐이다. 인공지능 역시 이미지나 영상, 음악을 만들어주거나 복잡한 업무를 수행해주는 방식으로 나의 생각과 표현을 더 정교하게 담아내는 도구일 뿐, 결코 나를 대체하는 존재가 아니다.

그의 공연에는 실제로 보란 듯이 AI, 드론, 로봇, 인터랙티브 미디어 등 최신 기술이 총동원되었다. 공연의 시작부터 끝까지, 무대에는 다양한 형태의 기계적 움직임과 가상 이미지, 조명 효과가 결합되어 시각적 몰입감을 극대화했다. 특정 장면에서는 로봇이 무대에 직접 등장해 퍼포먼스를 펼치며 GD의 동작과 호흡을 맞추었고, AI 기반의 음성과 시각적 메시지가 공연의 흐름을 해설하듯 이끌었다. 기술은 그것을 빛내주는 조력자였을 뿐, 현란한 현장 속 인간이 가진 고유한 감정과 경험을 더욱 증폭시키는 동반자로 생각해야 한다는 점을 무대 전체를 통해 분명히 전하고 있었다. 기술과 변화는 인간을 대체하는 것이 아니라, 인간이라는 존재가 더욱 빛나도록 만드는 배경이 될 수 있다는 것을 말이다. 위버멘쉬는 바로 그런 의미에서, 이 시대를 통과하는 우리가 기억해야 할 이름이다.

우리는 모두 위버멘쉬다. 'POWER!' 스스로를 밀어붙일 힘을 잃지 말고, 어떤 상황에서도 'HOME SWEET HOME!'이라 부를 수 있는 나만의 중심을 지켜내며, 때로는 'SUPER STAR'처럼 빛나고, 언제나 'ONE OF A KIND'로 살아가며, 좋아하는 것엔 '너무 좋아!' 외칠 줄 알고, 우리의 마음을 어지럽히는 많은 노이즈들을 '삐딱하게' 대체불가능한 나로서 오늘을 살아가자!

Stay Curious
**Be the Change**

변화는 언제나 우리 곁에 있다. 하지만 정작 그 실체를 마주했을 때 우리는 어리둥절해지곤 한다. 변화가 너무 급격히 찾아올 때가 많아, 그것을 마주하고 있다고 생각은 하면서도 내 눈에는 보이지 않거나 피부로 느껴지지 않기 때문이다. 하루가 다르게 각종 트렌드들이 쏟아지고, AI 기술의 발달로 국가 차원의 투자, 교육 체계 개편까지 거론될 정도로 연일 화제가 되고 있는데 말이다. 사실 변화의 흐름에 맞서 뭘 해야 할지도 잘 모르겠다. 주위를 돌아봐도 크게 다르지는 않은 것 같다. 뭐가 문제일까.

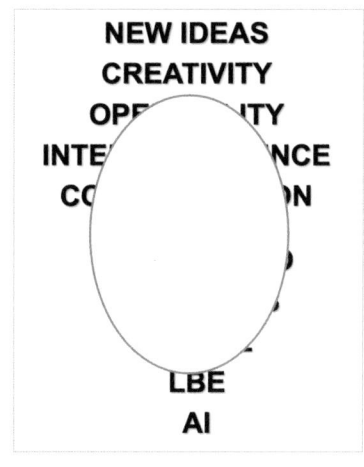

(출처: 《팀장인데, 1도 모릅니다만》)

정답은 의외로 단순하다. 우리가 갖고 있는 기존의 지식이 문제다. 간단한 심리 테스트를 통해 이를 명백히 확인해보자. 스티븐 더수자와 다이애나 레너가 함께 쓴 《팀장인데, 1도 모릅니다만 Not Knowing: The Art of Turning Uncertainty into Opportunity》에 나오는 Not Knowing, 즉 '앎의 역설'에 관한 내용을 위 그림으로 간단히 재구성해보았다.

그림에 NEW IDEAS, CREATIVITY 등 변화와 혁신에 관련된 핵심 단어들이 제시되어 있다. 일부 단어는 글자가 가려져 있다. OP로 시작해서 ITY로 끝나는 영어 단어는 무엇일까? 머릿속에 'OPPORTUNITY'라는 단어가 떠오를 것이다. INTE로 시작하고 NCE로 끝나는 단어는? 'INTELLIGENCE'라는 단어가 자연스럽게 떠오를지도 모른다. 의식하기도 전에 이 단어들이 바로 생각났을 것이다. 그런데 그게 정답일까? OPERABILITY일 수도 있고 INTERDEPENDENCE일 수도 있는데 말이다.

이것이 바로 앎의 역설이다. '아는 것으로 모르는 것을 채우는 작용', 즉 프라이밍 효과 Priming Effect 가 일어나는 것이다. 프라이밍이란 내가 이전에 접한 정보나 경험으로 새로운 자극을 빠르게 해석하는 현상이다. 인간은 원래 이미 알고 있는 것으로 모르는 것을 채우려는 습성이 있다. 뇌는 끊임없이 수많은 정보를 처리해야 하는데, 새로운 정보나 불확실한 상황과 마주했을 때 기존의 경험과 지식에 기반을 두고 빠르게 결론을 내려야 궁금증이나 낯선 자극 앞에서 매번 멈춰서 생각하는 '버퍼링' 상황을 방지할 수 있기 때문이다. 즉 익숙해진 것을 통해 미지의 것을 이해하고자 하는 경향이 우리의 본능적 사고 구조에 깊이 내재되어 있는 것이다.

변화를 이해하는 데에는 내가 기존에 형성한 지식과 경험이 생각보다 큰 영향을 미친다. 다시 말해 나의 관심이나 전문성, 도메인에 따라서 완전히 다른 맥락이 형성되는 것이다. 예를 들어 초중고 학생들에게 'PM'이라는 단어를 보여주면 '오후'라는 뜻을 연상한다. 반면 직장인들에게 보여주면 많은 경우 프로젝트 매니저Project Manager라는 단어가 먼저 떠오를 것이다. 같은 자극에도 서로 다른 방식으로 반응하는 이유는 각자가 가진 지식과 경험의 배경, 즉 인지적 효율성의 기반이 다르기 때문이다.

그렇다면 아예 아는 게 별로 없으면 이런 현상은 일어나지 않는 걸까? 덜 똑똑할수록 앎의 역설에 안 빠지게 될까? 아쉽게도 더욱 아니다. 이번에는 몰라서 문제다. 아는 것이 없으면 질문할 수 있는 맥락과 기준 자체가 없기 때문이다. 쉽게 말해 내가 뭘 모르는지조차 모르면, 새로운 현상이나 흐름이 눈앞에 있어도 그것을 감지할 수조차 없고 아무것도 모르는 상태에서는 질문도 생기지 않는다. 결국 우리는 지식의 틀에 갇히기 쉬운 존재인 것이다.

20세기 이전까지만 해도 세상에서 일어나는 변화의 속도는 인간이 따라잡을 만한 정도였다. 하지만 지금은 우리 모두가 인정할 만큼 짧은 시간 동안 너무 많은 일이 일어나고 있다. 모든 변화가 크고 빠르다. 때문에 그 변화를 이해하고 싶어도 내가 가진 지식의 틀로 그 변화를 따라잡기가 매우 힘든 수준이 되었다. 그렇다면 어떻게 해야 변화를 캐치하고 기회를 만들 수 있을까?

당신이 아무리 많은 지식을 접해도 현 세대의 평균에 머무를 수밖에 없다. 영화 〈맨 프럼 어스〉.

SF드라마 〈환상특급The Twilight Zone〉으로 유명한 거장 소설가 제롬 빅스비가 각본을 쓴 영화 〈맨 프럼 어스The Man from Earth〉는 변화의 실체에 관한 기막힌 인사이트를 제시한다. 주인공 존 올드먼은 죽지 않고 사는 영생의 남자다. 대학교수로 재직하다 퇴임을 앞두고 그는 동료 교수들에게 자신의 정체를 털어놓는다. 자신이 사실 석기시대부터 살아온 크로마뇽인으로, 1만 년이 넘는 시간 동안 인류의 역사를 직접 목격해왔다고 말한다. 석가모니와 예수를 직접 만났고, 반 고흐와 같은 예술가들과도 마주한 경험이 있다고도 했다. 동료들은 처음에 그 사실을 믿지 않으면서 그가 영생을 살았다는 주장에 다양한 반론을 제기하고 설득력 있는 대답을 듣는다. 이 영화에서 재미있는 부분은 다음의 질문이다.

"그렇다면 당신은 전 인류 역사에서 가장 지적인 존재가 아니겠는가?"

수많은 현자들, 과학자들을 만났고 전 지구를 탐험했으니 그의 지적 수준은 현세의 인간 가운데 가장 앞서 있는 것이 아니겠느냐는 것이었다. 하지만 그는 고개를 저으며 이렇게 고백한다.

"한때 그런 생각을 해본 적도 있었다. 하지만 내가 아무리 노력해도 전 세계에서 동시다발적으로 일어나는 새로운 발견과 진보를 결코 나 한 사람이 다 따라잡을 수 없었다. 나는 수천 년을 살았지만, 결국 내 지식의 수준은 언제나 그 시대의 평균치에 머물 수밖에 없었다."

그렇지 않은가. 우리가 아무리 변화를 따라잡으려고 노력한들 지금 이 순간에 일어나고 있는 동시다발적인 변화에 미치기에는 역부족이다. 변화의 속도가 빨라진다면 더더욱 말할 필요가 없다.

영화에서 정말 중요한 포인트는 주인공 존이 학교를 떠나 새로운 여정을 시작하는 이유에 관한 것이다. 만약 그가 계속 학교에 남아 논문을 읽고 연구하고 제자를 양성하는 일을 했다면 그는 Not Knowing, 즉 지식의 역설에 빠지게 된다. 아는 것으로 모르는 것을 해석하는 경향이 강화되고 변화를 인지하지 못하게 되면서 그는 인류의 평균 지식 수준에 도달하기는커녕 옛 지식을 갖고 세상을 판단하는 뒷방 늙은이 신세를 면치 못하게 될 것이었다. 어쩌면 인류 역사상 가장 시대에 뒤떨어진 인물이 될지도 모른다. 존은 수만 년을 살아온 인간이라는 설정답게, 인류의 오랜 역사와 문명을 경험한 자만이 가질 수 있는 고요하고도 단단한 통찰을 드러내 보인다. 바로 사람들이 무의식적으로 신봉하고 있는 지식의 허점에 관한 것이다.

"우리가 경계해야 할 것은 새로운 지식 그 자체가 아니라 내가 이미 가진 믿음이나 판단을 그 지식에 억지로 끼워 맞추려 할 때 생기는 오해다. (Piety is not what the lessons bring to people, it's the mistake they bring to the lessons.)"

이 말은 지식을 대하는 태도에 대한 날카로운 비판이다. 사람들은 의심하거나 되묻는 행위를 하지 않고 지식을 있는 그대로 받아들이면서 경외의 대상으로 삼는다. 지식은 마치 잘 정리된 전시품처럼 진열되지만, 그 안에 담긴 맥락이나 성찰은 점점 사라진다. 중요한 것은 '얼마나 많이 아느냐'가 아니다. 그렇게 지식을 쌓은 사람은 시대의 평균에도 훨씬 못 미칠 것이 자명하거니와 언제나 변화에 뒤처질 운명인 셈이다. 그러면 어떻게 할 것인가?

영화는 두 가지 방법으로 그 해답을 제시한다. 첫 번째는 존과 동료들과의 문답이다. 동료 교수들은 존이 1만 년이나 산 영생의 남자라는 주장이 맞는지를 확인하기 위해 다각도의 질문을 계속해서 던진다. '당신의 언어는 무엇이었고, 인류의 언어가 진화하는 과정을 직접 경험했는가? 예수와 부처를 보았는가? 강산의 변화를 기억하는가? 당신의 기억은 완벽한가? 왜곡이나 망각은 일어나지 않는가? 그동안 많은 가족이나 친구를 잃은 슬픔은 어떻게 견뎌왔는가? 신을 믿는가?' 이러한 질문에 대해 존은 역시 영생을 살아온 자로서 기가 막힌 대답을 내놓는다. 사실 질문과 대답의 내용 자체가 중요한 게 아니다. 낯선 상황을 만났을 때 이를 극복하는 최고의 방법은 '호기심과 질문'이라는 것을 영화는 드러내 보인다. Not Knowing의 가려진 부분을 다각도로 비춰보며 그것이 내가 아는 게 맞는 것인지, 새로운 것인지, 이를 이해하려면 무엇이 필요한지를 탐색하는 행위 자체가 앎의 역설을 극복할 수 있음을 보여주는 것이다.

두 번째는 존이 세이프존이라고 할 수 있는 학교를 벗어나 다시금 펼쳐지는 새로운 세계로의 낯선 여정을 시작하는 지점이다. 익숙함을 벗어나 아직 접하지 않은 세상을 향해서 다시 발걸음을 내딛는 것이다. 알고 있는 지식으로 새로움을 이해하려는 대신, 그 새로움을 직접 경험해보고자 하며 그 너머의 세계에 몸을 맡긴다. 일면 두렵고 불편하며 때로는 고통스러운 경험이 기다리고 있을 수도 있지만, 그를 이끄는 것은 분명 호기심이다. 왜냐하면 변화라는 것은 수많은 사람들이 내리는 선택의 총합이 바뀌고 있음을 뜻한다는 것을 알기 때문이다. 사람들은 싫어하는 것을 외면하고 선택하지 않는다. 대신 욕구하고 갈망하며 목적하는 것을 선택한다. 그 선택이 새로워지고 거대해진다는 것은 그만큼 그 변화를 사람들이 필요로 한다는 의미다. 이 영화는 관객으로 하여금 호기심을 갖고 새로운 세계를 향해 떠나볼 것을 제안한다. 그것이야말로 변화를 만나는 방법임을 따뜻하게 조언하고 있다.

거대한 파도를 마주했을 때 사람들은 본능적으로 도망치고 싶어 한다. 하지만 그 파도가 내가 타고 넘을 수 있는 파도임을 깨닫는 순간, 사람은 거침없이 파도로 달려간다. 거대한 파도가 터널처럼 휘어지며 길을 열어줄 때 그 터널의 라인을 올라타는 순간 파도의 엄청난 에너지 속에서 황홀한 유영을 즐기는 서핑 파이프라인을 즐길 수 있기 때문이다. 이내 파도에 쓸려 넘어지더라도 서퍼들은 무서워하기는커녕 다음에는 어떻게 더 잘 타볼까를 생각한다. 이렇게 변화가 두렵지 않게 되는 지점은 그 변화를 내가 활용할 수 있을 때이다. 그 순간부터 우리는 두려움이 아니라 흥분 속에서 파도를 향해 내달리고, 서핑 파이프라인을 타듯 변화 위를 질주하며 즐기기 시작한다. 기술과 변화는 결국 우리가 어떻게 타느냐에 따라 파괴적 힘이 아닌 유쾌한 모험의 무대가 된다.

기술의 변화는 언제나 우리를 놀라게 한다. 본능적으로 때로는 압도되고 위협감을 느낄 수도 있다. 하지만 역사가 보여주듯, 두려움에 매몰되어서는 안 된다. 언제나 변화는 우리의 자발적인 선택에 의해서 일어나며, 그것은 즐거움이자 기회에 관한 것이다. 때문에 유쾌하게 변화를 상상하고 새로이 시도하는 것들을 주목하며 그것이 일으키는 파장을 즐겨야 한다.

명심하자. 변화를 만나는 방법은 호기심과 질문이며, 그 세계를 향해 발걸음을 내디뎌보는 것이다.

스티브 잡스가 생전 스탠퍼드 대학교 졸업식 축사에서 남긴 유명한 메시지가 있다. "Stay hungry, stay foolish"이다. 이는 젊은 세대에게 아직 정해지지 않은 미래를 향해 두려움 대신 호기심과 용기로 나아가라는 강력한 조언이었다. 세상을 바꾸고 싶다면, 무엇보다 스스로 그 변화가 되어야 한다는 메시지였다.

그리고 지금, 우리는 그 어느 때보다 빠르게 변하는 시대를 살고 있다. 기술은 매일 새로운 가능성을 열어젖히고, 변화는 예고 없이 우리의 일상을 흔든다. 이 격변의 시대는 더 이상 특정한 세대만의 과제가 아니다. 우리 모두가 이 새로운 시대를 살아가는 탐험자다. 그래서 지금, 우리 모두에게 필요한 새로운 조언을 전하고 싶다.

두려움이 아닌 호기심으로, 정답보다 질문으로 세상을 바라보자. 지식을 출발점 삼아, 매일 새로운 나를 만들어가자.

Stay Curious. Be the Change.

대체불가능한 당신을 만드는 새로운 구호이자, 불확실한 미래를 여는 가장 강력한 주문이다.

변화를 만나는 방법은
호기심을 갖고 질문하는 것,
그리고 새로운 세계를 향해
발걸음을 내디뎌보는 것이다.

에필로그

# 기술이 대체할 수 없는 것, 경험

우리는 지금, 모든 것이 바뀌고 있는 시대를 살고 있다. 기술은 한계를 모르고 발전하고, 일상은 그 기술을 흡수하며 시시각각 달라진다. 인공지능이 창작의 영역까지 넘보고 있다. 보고서를 쓰고, 코드를 짜고, 음악을 작곡하고, 그림을 그리고, 심지어 감정에 반응하는 것처럼 보이기도 한다. 우리는 마침내 이런 질문을 던지게 되었다. "기술이 할 수 없는 건 뭐지?"

그러나 역설적이게도, 바로 그 질문에서부터 또 다른 변화가 시작된다. 기술이 할 수 없는 것. 그것은 결국 '나'의 감정이고, 관계이고, 함께 나눈 공기와 시선이고, 시간을 들여 쌓아 올린 기억이고, 내 존재로부터 만들어지는 '경험'이다. 기술이 아무리 정교해져도 대체할 수 없고 복제될 수 없는 것, 그것이 바로 우리가 마주하고 있는 새로운 시대의 본질이다. 우리는 이 새로운 시대를 경험 중심의 시대, '대체불가능한 경험 산업의 시대'라고 부르기로 한다.

이 시대를 살아가기 위해 가장 먼저 주목해야 할 것은 '사람들의 질문'이다. 언제나 질문은 변화를 예고한다. 질문은 과거 "이건 뭐지?", "어떻게 하지?"와 같은 지식 중심의 질문에서 "나는 누구인가?", "나는 무엇을 좋아하는가?"라는 질문으로 변해왔다.

그리고 지금, 또 한 번 질문이 바뀌었다. 바로 "뭐 하지?"라는 질문이다. 이 질문은 단순한 할 일 목록의 확인이 아니다. 이는 나의 감정이 깨어나는 지점이며, 나의 시간이 흐르는 방식이며, 나의 하루를 채우는 목적이다. 특히 "함께 뭐 하지?"라는 질문은 우리 시대를 가장 명확하게 정의한다. 이 물음 속에는 연결에 대한 갈망, 공감에 대한 욕구, 실존에 대한 자각이 담겨 있다. 기술이 혼자서 모든 것을 할 수 있을지 몰라도, 진정한 경험은 누군가와 함께할 때 완성되기 때문이다.

이 책은 그 질문이 바뀌는 지점을 주목했고, 그 질문을 따라 시대의 흐름을 추적했다. 도시의 오래된 공간이 새로운 이야기로 되살아나는 현장, 콘텐츠가 관람에서 몰입으로 바뀌는 순간, 교육이 주입에서 참여로 전환되는 과정, 관광이 관람에서 역할 놀이로 진화하는 사례들까지, 모두가 경험을 중심으로 새롭게 쓰이고 있는 이야기들이다. 이는 단지 소비 방식의 변화가 아니라, 산업과 도시, 교육과 사회의 패러다임 자체가 바뀌고 있다는 증거다.

디지털은 이제 화면 안에만 존재하지 않는다. 우리는 그것을 들고 나와 현실의 공간에서 체화하고 있다. 이른바 '피지털'이라 불리는 이 결합은 이제 산업의 중심이 되었다. 오프라인 공간은 더 이상 낡은 자산이 아니라, 서사를 입히면 살아나는 새로운 무대다. 실제로 전 세계에서 15억 명 이상이 매년 유니크한 경험을 찾아 이동하고 있으며, 도시마다 사람들을 위한 몰입형 공간, 체험형 콘텐츠, 참여형 프로그램들이 넘쳐나고 있다. 이는 유행이 아니라 새로운 일상의 방식이다.

우리는 한때 외면받던 공간들이 다시 살아나는 것을 보았다. 버려졌던 폐교가 체험형 콘텐츠 공간이 되었고, 방치된 시장이 몰입형 스토리의 무대가 되었다. 거대한 건물이 아니라 작은 이야기 하나로도 사람들을 모을 수 있게 된 것이다. 이제 중요한 것은 규모가 아니라 서사이며, 자본이 아니라 공감이다. 콘텐츠는 더 이상 영상에만 국한되지 않는다. 현실 공간에서 직접 보고 탐색하고 소통하며 만들어지는 경험으로 진화하고 있다.

이제 경험은 산업이 되었고, 산업은 다시 인간을 중심으로 재편되고 있다. 전 세계의 수많은 창작자, 도시, 기업, 교육자들이 이 흐름에 참여하는 가운데, 콘텐츠는 문화를 이끌고 문화는 도시를 바꾸고 도시는 산업을 바꾸는 선순환을 만들어가고 있다. 이와 같은 변화의 흐름 속에서 수많은 사례들이 매일같이 전 세계 곳곳에서 새롭게 태어나고 있다. 이 책에 그 모든 움직임을 다 담아내는 것은 물리적으로도 불가능하다. 그러나 우리는 그 흐름의 방향성과 중심에 놓인 질문들을 통해 앞으로 펼쳐질 세상의 단면을 함께 그려볼 수 있었다.

아무쪼록 이 책이 그 방향을 가리키는 이정표가 되기를 바란다. 수많은 사례와 움직임들이 지금 이 순간에도 전 세계 곳곳에서 만들어지고 있으며, 그 변화의 흐름을 필자가 운영하는 뉴스레터와 다양한 채널을 통해 앞으로도 계속해서 나누고자 한다. 독자 여러분 또한 이 변화의 여정에 호기심을 가지고 동참해주길 바란다.

AI가 많은 것을 가능하게 만드는 시대라지만 그럼에도 불구하고 인간만이 할 수 있는 일이 있다면, 그것은 바로 이 세계를 호기심으로 유영하는 것이다. 우리가 함께 마주하는 질문들, 그리고 그 질문을 통해 탄생하는 경험의 파도 위에서 우리는 끊임없이 나아가게 될 것이다. 함께 '언리플레이서블'의 세계에서 만나기를 바라며!

## 언리플레이서블: 경험의 시대가 온다

ⓒ 송인혁, 이은영 2025

**1판 1쇄 인쇄** 2025년 10월 17일
**1판 1쇄 발행** 2025년 10월 28일

**지은이** 송인혁 이은영
**펴낸이** 황상욱

**편집** 이은현 박성미
**디자인** 박지수 | **마케팅** 윤해승 윤두열
**경영관리** 황지욱 | **제작처** 한영문화사

**펴낸곳** ㈜휴먼큐브 | **출판등록** 2015년 7월 24일 제406-2015-000096호
**주소** 03997 서울시 마포구 월드컵로14길 61 2층
**문의전화** 02-2039-9462(편집) 02-2039-9463(마케팅) 02-2039-9460(팩스)
**전자우편** yun@humancube.kr

**ISBN** 979-11-6538-469-2  03320

- 이 책의 판권은 지은이와 휴먼큐브에 있습니다.
- 이 책 내용의 전부 또는 일부를 재사용하려면 반드시 양측의 서면동의를 받아야 합니다.
- 잘못 만들어진 책은 구입하신 서점에서 교환해드립니다.

**인스타그램** @humancube_group 페이스북 fb.com/humancube44